DE ORDINARIORUM DISPENSANDI FACULTATE
AD NORMAM CAN. 81

THE CATHOLIC UNIVERSITY OF AMERICA
CANON LAW STUDIES
N° 323

DE ORDINARIORUM DISPENSANDI FACULTATE AD NORMAM CAN. 81

SYNOPSIS HISTORICA ET COMMENTARIUM

DISSERTATIO

Iudicio Facultatis Iuris Canonici
Universitatis Catholicæ Americæ
Submissa
Tamquam Scriptum Publici Periculi Experimentum

AD

LAUREAM IN IURE CANONICO ASSEQUENDAM

AUCTORE

R. P. LINO V. CAPPIELLO O.F.M., I.C.L.
Sacerdos Provinciæ Franciscalis Terræ Sanctæ

THE CATHOLIC UNIVERSITY OF AMERICA PRESS
WASHINGTON, D. C.
1952

Imprimi Potest :

HYACINTHUS FACCIO O.F.M., S.T.D.

Custos Terræ Sanctae

Hierosolymis, 28 augusti 1951.

Nihil Obstat :

DOMINICUS TIRONE O.F.M.

Censor Deputatus

Alexandriæ Ægypti, 28 augusti 1951.

Imprimatur :

✠ IOANNES A CAPISTRANO CAYER O.F.M., D.D.

Vicarius Apostolicus Alexandriæ Ægypti

Alexandriæ Ægypti, 28 augusti 1951.

IMPRIMERIE

ÉCOLE PROFESSIONNELLE DES FRÈRES

ALEXANDRIE - EGYPTE

MEMORIÆ PATRIS MEI

MATRIQUE MEÆ

D.

INDEX

PARS SECUNDA
COMMENTARIUM CANONICUM

CAPUT V
POTESTAS DISPENSANDI IN CODICE IURIS CANONICI, PRÆSERTIM IN CAN. 81

CAPUT VI
COMMENTARIUM IN CANONEM 81

PROŒMIUM

Ecclesiæ sollicitudo christifidelium necessitatibus efficaciter et quamprimum subveniendi perpulchre elucet ex liberalissimis dispensandi facultatibus, quæ, tum in Codice Iuris Canonici tum in indultis, Ordinariis tribuuntur. Patet enim « Episcopos, vi Codicis, tanta munitos esse potestate ut, quoties Ecclesiæ utilitas et animarum salus id requirat, communis legis rigorem temperare et iustas dispensationes largiri æque opportuneque valeant. » (S.C. Consist., Proxima sacra, 25 apr. 1918 - *AAS,* X *(1918), 190).*

Inter huiusmodi facultatum concessiones, summa et vere magnanima illa dicenda est, quæ in canone 81 C.I.C. continetur. Huic potestati Ordinariis factæ studere conati sumus hac in dissertatione, quæ notis introductoriis et duobus partibus constat.

Notæ introductoriæ notiones generales dispensationis continent. Prima deinde pars epitomen historiæ relaxationum per Episcopum in iure communi factarum tradit, et brevi sermone doctrinam iuridicam de re tractat. In altera dissertationis parte, auctor studio canonis 81 C.I.C. et quæstionum connexarum immoratus est. Denique conclusiones quædam particulares, quæ potioris de actis videbantur momenti, adiectæ sunt.

Debitum superest gratitudinis et gratiarum actionis prosolvendi cl. Doctoribus scholæ Iuris Canonici Universitatis Catholicæ Americæ, qui in opere absolvendo scientia, consilio et caritate sua mihi præsto fuere. Omnesque, qui auxilium in opusculo exarando mihi tulerunt, Deus remuneretur.

CAPUT I

NOTIONES PRAELIMINARES

ART. 1. — NOTIO DISPENSATIONIS.

Verba quibus dispensatio in primis ævi christiani sæculis designatur plura sunt. Dicitur œconomia, indulgentia, venia, beneficium, temperamentum, misericordia, liberatio, relaxatio a summo iure, sapiens condenscensio, medicinalis condenscensio, detractio rigoris iuris, etc.[1] Medio Aevo definita est « iuris communis relaxatio facta cum causæ cognitione ab eo qui ius habet dispensandi. »[2] Hodiernis temporibus, et in ipso Codice Iuris Canonici, brevius definitur « legis in casu speciali relaxatio. »[3]

« Supponit dispensatio legem validam tum singulos tum integram communitatem obligantem, »[4] quia dari potest quod persona a *præcepto* sibi facto relaxetur in casu particulari. Hoc vero non cadit directe, sed tantummodo analogice, sub dispensationis notione prouti hic consideratur : agitur enim de relaxatione *legis,* non præcepti. Insuper, stando definitioni supra traditæ, ad dispensationem stricto sensu non pertinent :

(a) Relaxatio voti aut iuramenti ; tum quia votum et iusiurandum non sunt leges proprie dictæ, tum quia obligationes iuris divini non auferuntur potestate humana.[5]

[1] Cfr. Christ, *Dispensation from Vindicative Penalties,* The Catholic University of America Canon Law Studies, n. 174 (Washington, D.C. : The Catholic University of America Press, 1943). pp. 15-16.

[2] Glossa in c. *Requiris* 5, C.I, q. 7, s.v. *Ut plerisque — Decretum Gratiani, emendatum et notationibus illustratum una cum Glossis, Gregorii XIII Pont. Max. iussu editum* (Romæ : in Ædibus Populi Romani, 1582).

[3] Can. 80 C.J.C. ; Van Hove, Commentarium Lovaniense, Vol. I (5 tomi, Mechliniæ-Romæ : H. Dessain, 1930-1945), Tom. V, *De Privilegiis-De Dispensationibus, n.* 322 (in posterum citabitur *De Dispensationibus*) ; Coronata, *Institutiones Iuris Canonici* (5 voll., 2ª ed., Taurini : Marietti, 1939-1947), I, 118 (deinceps citabitur *Institutiones*) ; Michiels, *Normæ Generales Iuris Canonici* (2ª ed., 2 voll., Parisiis-Tornaci-Romæ : Desclée et Socii, 1949), II, 675 (deinceps citabitur *Normæ*).

[4] Coronata, *Institutiones,* I, 118.

[5] Can. 1311 ; 1319, 4°.

(b) Dissolutio matrimonii rati et non consummati ;[6] quia non relaxatur indissolubilitatis lex.

« Quandoque dispensatio a lege simpliciter liberat antequam lex ipsa suum effectum producat, e.g. dispensatio a lege ieiunii ; quandoque vero vinculum a lege iam productum aufert, e.g. dispensatio ab impedimento criminis. »[7] Dispensatio igitur distinguitur in *ante factum*, seu ad faciendum, et in *post factum*. Huic alteri divisioni adnumerandae sunt legitimatio et convalidatio actuum contra legem inhabilitantem vel irritantem positorum. Michiels putat hisce in casibus de dispensatione lato sensu agi ;[8] at minus recte, ni fallor. Vinculum enim legis perdurat etiam posito actu contra legem, et proinde huiusmodi actus non legitimatur nec convalidatur, nisi prius veri nominis dispensatio ab impedimento impediente aut irritante interveniat.[9]

Naturam dispensationis a poena vindicativa explicare difficilius est : determinare nempe utrum sit dispensatio stricto sensu an tantum analogice sic vocata. Can. 2236, § 1, utitur voce « dispensatio » quando de remissione pœnæ vindicativæ loquitur. De facto dispensatio est unica forma remissionis huiusmodi pœnarum. Nunc autem, si considerantur canones aliquid præcipientes vel prohibentes simpliciter (intellige, nulla adiecta sanctione pœnali), statim patet eorum obligationem, quæ est effectus legis, unicam esse respectu dispensationis. Ita, e.g., dicere potes : « Dispensatus est a lege ieiunii » vel « Dispensatus est a ieiunio. » Utraque sententia idem sonat iuridice loquendo. Ita non est cum de lege poenali sermo fit. Hæc enim duo continet seu supponit : aliquid faciendum vel omittendum, et pœnam

[6] Auctores diversimode explicant modum quo vinculum voti aut iurisiurandi aufertur. Cfr. Michiels, *Normæ*, II, 676 ; Van Hove *De Dispensationibus*, n. 325 ; Coronata, *Institutiones*, I, 106, nota 3.

[7] Can. 1119 ; 1985.

[8] Coronata, *Institutiones*, I, 118, nota 2.

[9] *Normæ*, II, 677.

[10] Cfr. Van Hove, *De Dispensationibus*, n. 331 ; Cicognani-Staffa, *Commentarium in Librum Primum Codicis Iuris Canonici* (2ª ed., 2 voll., Vol. I Romæ : ex officina Typographica Romana « Buona Stampa », 1939 ; Vol. II Romæ : apud Custodiam Librariam Pontificii Instituti Utriusque Iuris, 1942), II, 569, nota I (deinceps citabitur *Commentarium*) ; Christ, *Dispensation from Vindicative Penalties*, pp. 68-69.

subeundam in casu trangressionis.[11] Poena ecclesiastica definitur a C. I. C., can. 2215, « Privatio alicuius boni ad delinquentis correctionem et delicti punitionem a legitima auctoritate inflicta. » A quibusdam dicitur « sanctio » seu medium quo legislator, vi potestatis cœrcitivæ, utitur ad obtinendum indirecte legis observantiam, nempe aut minando aut infligendo privationem alicuius boni transgressoribus legis. Nota insuper naturam pœnæ vindicativæ (quæ sola hic consideratur, cum ab ipsa dari possit dispensatio) : pœnæ vindicativæ « illæ sunt quæ directe ad delicti expiationem tendunt, ita ut earum remissio a cessatione contumaciæ delinquentis non pendeat,» (can. 2286). Ergo huiusmodi pœnarum obiectum est expiatio delicti seu vindicta criminis. Legis pœnalis obiectum, e contra, est ordinem publicum tutari et finem societatis perfectæ efficacius obtinere. [12] Distinctio igitur inter pœnam et legem pœnalem necessario inducenda est.

Sanctio pœnalis insuper plerumque præcepto iuris divini naturalis vel positivi adiicitur. Considera can. 2368 §1 : « Qui sollicitationis crimen... commiserit, suspendatur a celebratione Missæ et ab audiendis sacramentalibus confessionibus... privetur omnibus beneficiis, dignitatibus, voce activa et passiva, etc.» Totus canon est lex pœnalis et duas habet partes : prima constituitur prohibitione criminis sollicitationis (a qua prohibitione nemo — uti patet — dispensare valet), secunda constituitur sanctione pœnarum contra trangressores (quæ pœnæ vindicativæ relaxari possunt). Absurdum esset hoc in casu affirmare sic et simpliciter quod dispensatio est «legis in casu speciali relaxatio.» At etiam si de lege pœnali quæ ex positiva voluntate legislatoris humani emanat agatur, dicendum est quod dispensatio a pœna vindicativa subeunda in casu trangressionis non est unum et idem ac relaxatio ipsius legis, sed verius tantummodo relaxatio *ex parte* seu dispensatio sui generis, quæ totum vinculum legis minime afficit.

[11] Van Hove, *Commentarium Lovaniense* Vol. I (*supra citatum*), Tom. II, *De Legibus Ecclesiasticis* (Mechliniæ-Romæ : H. Dessain, 1930), n. 147 (deinceps citabitur *De Legibus*).

[12] Ecclesia, ratione suæ iuridicæ perfectionis, potest « reluctantes cogere, trangressores cohibere ad ordinem publicum servandum et socialem finem efficaciter assequendum ». — Chelodi, *Ius Pœnale* (2ª ed., Tridenti, 1925), p. 1.

Christ tenet legem pœnalem relaxari sive subditus dispensetur ab iis quæ lex præcipit vel vetat (« the duties of the law ») sive dispensetur a pœna præscripta ob violationem huiusmodi officiorum (« those duties »).[13] Hoc nullimode sustineri valet in casu legis iuris divini cui adiecta sit sanctio ecclesiastica, uti supra visum est. Sed neque de lege pœnali pure humana prædicari potest. De facto, si post factum fit dispensatio a lege pœnali, duo revera dantur dispensationes: una a præscripto vel vetito legis, altera a pœna incursa. Exemplo illustratur. Sacerdos quidam acceptare et retinere duo beneficia incompatibilia præsumit (cfr. can. 1439) ; consequenter utroque privatus ipso iure existit, ad normam can. 2396. Nunc dispensari cupit a pœna privationis beneficii. Si libere renuntiat unum beneficium, nulla dispensatione indiget a primo statuto canonis pœnalis 2396 (scilicet a prohibitione retinendi beneficium incompatibile), quia illud statutum servare vult ; indiget tamen remissione sanctionis pœnalis (privatio beneficii) quam ipso iure incurrit. Si vero, accedente consensu legitimi Superioris, utrumque beneficium retinere petit, tunc duplici indiget dispensatione : una ab obligatione servandi primum statutum canonis (vide supra), altera ab obligatione servandi pœnam ob transgressionem statuti incursam. De facto, hisce in adiunctis, remissio pœnæ concipi nequit quin præcedat dispensatio principalis partis legis.[14] Unde neque hoc in casu sententia Christ supra citata sustinetur. Sequitur obligationem unius partis legis (iussum aut vetitum) non identificari cum obligatione servandi alteram partem (pœna), contra opinionem Christ, qui scribit : Lex pœnalis revera duobus constituitur partibus, statuto (« stipulation ») legis atque pœna statuto adiecta. Obligatio eadem est in utraque parte... Cum pœna vindicativa sit indubitanter pars legis pœnalis atque obligatio subiecti huiusmodi ac obligatio servandi legem ipsam, sequitur quod lex pœnalis relaxatur

[13] « ... the penal law is relaxed whether he be released from the duties entailed in the law or whether he be released from the penalty prescribed for the violation of those duties. » — *Dispensation from Vindicative Penalties*, p. 69.

[14] Pœna dicitur pars secundaria seu accessoria legis. Cfr. Woywod-Smith, *A Practical Commentary on the Code of Canon Law* (2 voll., New York : Joseph F. Wagner, Inc., 1948), II, n. 2076.

sive subditus dispensatur ab iis quæ lex præcipit vel vetat, sive dispensatur a pœna præscripta ob violationem huiusmodi officiorum.[15]

Fortasse tota quæstionis solutio pendet a correcta interpretatione can. 2236, § 2, ubi dicitur : « Qui potest a lege eximere, potest quoque pœnam legi adnexam remittere. » Verba hæc omnino clara sunt ; at omnino superflua essent si relaxatio « legis » et « pœnæ » unum et idem significarent. Enimvero in præcedenti paragrapho eiusdem canonis statuitur quænam auctoritas valeat a pœna relaxare: «Remissio pœnæ, sive per absolutionem, si agatur de censuris, sive per dispensationem, si de pœnis vindicativis, concedi tantum potest ab eo qui pœnam tulit, vel ab eius competente Superiore aut successore, vel ab eo cui hæc potestas commissa est. » (Can. 2236, § 1). Ad quid igitur paragraphus secunda ? Hæc paragraphus intelligitur tantum si verba « qui potest a lege eximere » intelligantur sensu cc. 80-86, et verba « pœnam legi adnexam remittere » iuxta normas speciales cc. 2236-2239 explicentur. Insuper verborum canonis ordinem mutare, prouti Christ facere videtur, non est permissum ; nec valet quis legere : Qui potest pœnam legi adnexam remittere, potest quoque a lege eximere.[16] Hoc nullibi sancitur a canone, nec sanciri posset : cfr. quæ superius dicta sunt sub exemplo can. 2368, § 1.

Ultimo nota quod canon semper loquitur de dispensatione a pœna vindicativa, numquam de relaxatione legis pœnalis sic et simpliciter. Nec valet quis dicere, uti quidam dicere cupiunt, verbum « legis » in definitione dispensationis (can. 80) genericum esse, et

[15] « It [a penal law] has, in reality, two parts : the stipulation of the law and the penalty attached to that stipulation. The obligation is the same in both parts... Since the vindicative penalty is definitely a part of the penal law and the obligation of the subject of such a penal law to undergo the prescribed penalty is the same obligation that he has to obey the law itself, it follows that the penal law is relaxed whether he be released from the duties entailed in the law or whether he be released from the penalty prescribed for the violation of those duties. » — *Dispensation from Vindicative Penalties*, pp. 68-69.

[16] « Others correctly and expressly assert that the remission of these penalties is a dispensation in the strict sense of that term. For the law itself is relaxed in a particular case, and to grant such a relaxation the power of dispensing from the law is required. Whenever a dispensation from the penalty of a law is granted, the penal law is relaxed. » — *Dispensation from Vindicative Penalties*, p. 68.

proinde etiam leges pœnales includere. Huiusmodi explicatio non sustinetur, si quæ hucusque dicta sunt considerantur.

In conclusione, remissio pœnæ vindicativæ dicenda videtur dispensatio sui generis, seu diversa a notione quæ in can. 83 continetur, et normis omnino peculiaribus regitur.[17]

Vox « dispensatio » a Codice Iuris Canonici adhibita non est univoca. Includit enim relaxationem a voto et iuramento, dissolutionem matrimonii rati et non consummati : quæ evidenter non sunt veri nomini dispensationes. Præterea includit relaxationem pœnæ vindicativæ : quæ probabilius vera dispensatio, sensu can. 80, dici nequit. Donec ergo alia definitio magis inclusiva dispensationis inveniatur, verba « legis in casu speciali relaxatio » sensu proprio tantummodo de relaxatione legis præcipientis vel prohibentis, inhabilitantis aut irritantis, prædicari posse videntur.

Dispensatio præterea dicitur characterem mere negativum habere.[18] Intellige quod per dispensationem « simpliciter relaxatur seu neutralizatur obligatio legi connaturalis... quin... novum substituatur ius normativum. »[19]

SCHOLION — Conceptus *perpetuitatis* et *promulgationis* legis videntur melius salvari interpretando dispensationem uti directe personam afficientem, et indirecte tantum legem ipsam. Vinculum

[17] Ita sentiunt Hinschius, *Das Kirchenrecht der Katholiken und Protestanten in Deutchland* (6 voll., Berlin, 1869-1897 ; Voll. I-IV, *System des katholischen Kirchenrechts*), III, 789-792, 825-829 ; Eichmann, *Lehrbuch des Kirchenrechts auf Grund des Codex Iuris Canonici* (4ª ed., 2 voll., Paderborn. 1934), I, 101 ; Ojetti, *Commentarium in Codicem Iuris Canonici* (4 voll., Romæ, 1927-1931), I, 325 ; Kœstler, *Wœrterbuch zum Codex Iuris Canonici* (München, 1927-1929), p. 125, sub voce « Dispensatio » ; Mœrsdorf, *Die Rechtssprache des Codex Iuris Canonici* (Bonn, 1933), p. 388 ; Michiels, *Normæ*, II, 677-678. E contra, remissionem pœnæ vindicativœ latæ sententiæ esse dispensationem sensu proprio et stricto affirmant Friedberg, *Lehrbuch des katholischen und evangelischen Kirchenrechts* (5ª ed., Leipzig, 1903), p. 274 ; Blat, *Commentarium Textus Codicis Iuris Canonici* (6 voll., Romæ, 1919-1927), VI, n. 56 ; Del Giudice, *Privilegio, Dispensa ed Epicheia nel Diritto Canonico* (Milano, 1929), pp. 34-35 ; Van Hove, *De Dispensationibus*, nn. 329, 331 ; Christ, *Dispensation from Vindicative Penalties*, pp. 67-69, 112 ssq.

[18] Cfr. Van-Hove, *De Dispensationibus*, n. 322 ; Coronata, *Institutiones*, I, 118.

[19] Michiels, *Normæ*, II, 676, n. 2.

legis ex natura sua est perpetuum, usquedum lex ipsa abrogetur. Nunc autem, dicendo quod lex relaxatur (ut in communi dispensationis definitione) inferendum est quod ipsa lex, saltem ad tempus et in casu particulari, quodammodo abrogatur ; quia dispensatio, prouti communiter intelligitur, est institutum quo lex vim suam amittit in casu particulari. E contra, si dicimus dispensationem primo et directe subtrahere vel relaxare personam vel communitatem a vinculo legis, conceptus perpetuitatis legis integer manet.

Eadem ratione salvatur conceptus promulgationis legis. Disputatur utrum promulgatio sit de essentia legis ; attamen ab omnibus consideratur uti « conditio sine qua non » ad obligationem inducendam. Si dicitur dispensationem relaxare ipsam legem, tunc — cessante dispensatione — necesse videtur ut lex denuo promulgetur pro individuo vel communitate in quorum favorem antea relaxata fuerat ; quia lex, quoad subiectum passivum dispensationis, vim suam obligandi amiserat. Si vero accipimus dispensationem tamquam personam aut locum subtrahentem a vinculo legis, tunc dicendum est legem in suo robore permanere et, cessante dispensatione, subiecta passiva automatice denuo cadere sub vinculo legis.[20]

Claritatis causa brevissimæ dantur notiones specierum dispensationis. Dispensatio dicitur :

(a) *Debita* seu *necessaria,* si causa valde gravis ad illam concedendam adest. Verumtanem verbum « debita » non placet, quia omnis dispensatio est favor seu gratia ex parte Superioris ; et nulla gratia est stricto sensu debita, quamvis necessaria aliquo ex capite dici possit.

Permissa seu *voluntaria,* si ex causa iusta datur.

(b) *Explicita,* si decreto, litteris, rescripto vel vivæ vocis oraculo conceditur.

Implicita, si non explicitis verbis fit, sed in aliquo Superioris actu continetur, vel necessario præsupponitur ad aliquam potestatem exercendam.

[20] Conceptus *universalitatis* legis eodem modo afficitur quomodocumque dispensatio intelligatur.

(c) *Unica* vel *multiplex* prouti unus vel plures a lege, quæ semel ablata non renascitur, dispensantur ; aut, si lex renascitur, unus vel plures a determinata recurrentia obligationis legis, non vero ab omnibus, dispensantur.

Tractum habens successivum, si unica persona a legis vinculo — quod per se renascitur — dispensatur sive ad tempus sive in perpetuum.

(d) *Personalis,* si personam sequitur. *Realis,* si in loco determinato applicationam obtinet. *Mixta,* si et locum et personam simul afficit.[21]

Art. 2. — De differentia inter dispensationem et notiones vicinas.

Dantur in iure quædam instituta quæ, prima facie, quandam affinitatem cum dispensatione præ se ferunt ; re quidem vera ab ea differunt. Hæ differentiæ paucis verbis in subsequentibus exponuntur, ad omnem vitandam confusionem inter diversas notiones et ut conceptus dispensationis clarius eluceat.[22]

Licentia. Differentia præcipua et uti dicam essentialis in eo consistit quod licentia iuxta legem est ; quia ius aliquando conditionate præcipit aut vetat, et tunc datur locus licentiæ — accedente consensu saltem præsumpto Superioris — aliquid faciendi legi conforme. Dispensatio, e contra, est contra legem, seu relaxatio a iure aliquid positive præcipiente vel prohibente. Alia differentia desumitur ex capite auctoris. Pro dispensatione requiritur in concedente potestas iurisdictionis ; licentia vero ex qualibet legitima potestate manare potest.

[21] Cfr. Coronata, *Institutiones,* I, 119 ; Michiels, *Normæ,* II, 679-682 ; Reilly, *The General Norms of Dispensation,* The Catholic University of America Canon Law Studies, n. 119 (Washington, D.C. : The Catholic University of America Press, 1939), pp. 3-4.

[22] Tractatus de hisce differentiis inveniri possunt in Coronata, *Institutiones,* I, 118 ; Van Hove, *De Dispensationibus,* nn. 333-339 ; Vermeersch-Creusen, *Epitome Iuris Canonici* (3ª ed., 3 voll., Mechliniæ-Romæ : H. Dessain, 1927-1928). I, n. 187 ; et aliis.

Excusatio, Causa excusans. Si quis unam vel plures causas excusantes habet, vinculo legis minime alligatur, ita ut nulla indigeat Superioris potestate ut liber evadat. Dispensatio vero est positivus interventus Superioris in favorem illius qui sub lege est. Una per se agit, altera ab extrinseca auctoritate provenit.

Tolerantia est status — potius quam actus — Superioris patienter ferentis mala minora aut minus bonum, præcipue quia perfectam observantiam legis prudenter promovere nequit, nempe sine periculo mali maioris. Dispensatio est positivus interventus. Una characterem perpetuitatis induere potest, præsertim cum canon simpliciter statuit aliquid « tolerari posse », ita ut per tolerantiam conditio agnoscatur stabili modo contra ius agendi ; altera numquam stabilem conditionem contra ius agendi agnoscit. Prima consuetudini initium dare valet, secunda non.

Dissimulatio est aliquid negativum quo Superior, ad vitanda mala maiora, a corrigendo actum contra legem positum sese abstinet, et videtur quasi ignorare conditionem non legitimam rerum.[23] Dispensatio vero est actus positivus.

Epicheia est interpretatio doctrinalis declarans quosdam casus a legis obligatione excludi ; præterea hoc iudicium de non obligatione legis in casu particulari privata auctoritate fertur. Dispensatio vero legitima auctoritate, et quidem iurisdictionali, Superioris datur.

Privilegium contra ius (quod solum hic consideratur, eo quod aliæ species privilegii nihil contra legem concedant) « concedit ius normativum, dum dispensatio negative tantum operatur, auferendo obligationem legis. »[24] Considerari potest etiam ratio durationis in utroque : unum conceditur permanenter et stabiliter, altera in casu particulari.

[23] In qua simulata ignorantia præcipua differentia inter dissimulationem et tolerantiam invenienda est. In utroque casu Superior scit aliquid contra ius fieri aut factum fuisse. Sed in tolerantia subditus scit Superiorem scire, in dissimulatione subditus nescit Superiorem scire.

[24] Van Hove, *De Dispensationibus*, n. 339.

Irritatio obligationis fieri potest etiam potestate dominativa aut alia potestate. Obligatio legis, quando agitur de dispensatione, sola potestate iurisdictionis aufertur.

Absolutio fit a culpa vel censura, dispensatio datur a lege vel pœna vindicativa. Una ex iustitia debetur, altera non.

Commutatio, quæ aliquando occasione dispensationis datur, ab hac distinguenda est, quia commutatione novum præceptum imponitur loco alterius ; dispensatione vero obligatio servandi statutum legis solvitur sic et simpliciter.

Art. 3. — De iure dispensandi.

Ius dispensandi in Ecclesia fundatur in eiusdem potestate legifera, iudiciali et coactiva. Ecclesia est societas perfecta,[25] proinde ei competit : a) normas statuere ac media designare quæ utilia vel necessaria sunt ad commune bonum assequendum (potestas legifera) ; b) huiusmodi normas authentice definire et ad casus concretos applicare, necnon quando ius laesum sit declarare (potestas iudicialis) ; c) atque « ius cœrcendi delinquentes sibi subditos pœnis spiritualibus tum etiam temporalibus »[26] (potestas coactiva). Nunc autem « omnis res, per quascumque causas nascitur, per easdem dissolvitur.»[27] Ecclesia, ergo, quæ normas statuit, ius habet iudicandi utrum adsit causa sufficiens ad legem relaxandam aliquo in casu, videlicet utrum relaxatio vinculi legis magis expediat quam ipsius legis observantiam urgere. Uti patet hic agitur de dispensatione iuris positivi ecclesiastici, quia quæstio de dispensabilitate iuris naturalis vel iuris positivi divini ad rem non pertinet.

[25] Cfr. Bender, *Ius Publicum Ecclesiasticum* (Bussum in Hollandia : Paulus Brand, 1948), pp. 42 ssq. ; Ottaviani, *Institutiones Iuris Publici Ecclesiastici* (2 voll., Vol. I, 3ª ed., Romæ : Typis Polyglottis Vaticanis, 1947 ; Vol. II, 2ª ed., Romæ : Typis Polyglottis Vaticanis, 1936), I, 173 ssq. ; Christ, *Dispensation from Vindicative Penalties*, pp. 1 ssq.

[26] Can. 2214, §1. Cfr. etiam Bender, *op. cit.*, pp. 60-80 ; *Ottaviani, op. cit.*, I, 80-127.

[27] C.I., X, *de regulis iuris,* V, 41 — *Corpus Iuris Canonici,* ed. Richter-Friedberg (2 voll., Lipsiæ 1879-1881).

Manet igitur principium quod lex positiva humana (intellige ecclesiastica) relaxari potest a competente auctoritate.[28] In praxi autem adsunt quædam leges quæ non solent relaxari aut quæ numquam relaxantur. Hoc evenit non quia Ecclesia caret auctoritate dispensandi, sed potius quia fere numquam aut reapse numquam causa sufficiens adest.

Quæstioni de iure dispensandi intime connectitur potestas iurisdictionis, quæ ad dispensandum requiritur. Iurisdictio ecclesiastica generatim definitur : Potestas publica a Christo Ecclesiæ concessa regendi fideles in ordine ad vitam æternam.[29] Quoniam nemo hominem vinculo legis tenere valet, nisi potestatem in ipsum hominem aliquo ex titulo habeat, ita vinculum legis relaxare nequit, nisi eadem potestate gaudeat. Hæc potestas dicitur iurisdictio.. Hinc ad naturam dispensationis pertinet ut a iurisdictionem habente procedat, atque nihil refert sive relaxatio fiat ex potestate ordinaria propria, sive ex auctoritate legitimi Superioris. Notum est ecclesiasticam iurisdictionem solis clericis spectare.[30]

Principaliores iurisdictionis divisiones sunt : *fori externi,* si directe ad bonum commune publicum refertur ; *fori interni,* si primario bonum singulorum respicit. Deinde dicitur *ordinaria,* si « ipso iure adnexa est officio » (can. 197, § 1), quæ vocatur *propria* si ita connexa est officio ut titularis nomine proprio eam exerceat, *vicaria* si vi specialiss commissionis a iure officio unitur, sed nomine alieno exercetur. Est denique *delegata* quando personæ committitur.[31]

ART. 4. — DE AUCTORE ET SUBIECTO PASSIVO DISPENSATIONIS.

Auctor dispensationis. Conditor legis eiusque Superior et successores dispensant a lege *potestate ordinaria propria,* quia lex vim ligandi

[28] Cfr. Suarez, *Tractatus de Legibus ac Deo Legislatore* (*Opera Omnia,* ed. nova curante Carolo Berton, 26 voll., Parisiis, 1856-181, voll. V-VI), Lib. VI, c. 10, nn. 2-3 (in posterum citabitur *De Legibus*).

[29] Coronata, *Institutiones,* I, 329.

[30] Cc. 108, §3 ; 109.

[31] Subdivisione iurisdictionis delegatæ in delegationem *a iure, ab homine, iudicialem, ad negotia extraiudicialia,* etc. minoris sunt momenti nostra in re. Illas videre potes in omnibus scriptoribus de re canonica, e.g., Coronata, *Institutiones,* I, 343-344.

obtinet a voluntate legislatoris et proinde ex eiusdem voluntate pendet totalis vel partialis vinculi ablatio. Legislator dispensat quia « omnis res, per quascumque causas nascitur, per easdem dissolvitur. »[32] Superior conditoris legis dispensat quia et inferior et illius actus ab ipso pendent.[33] Successor legislatoris dispensat quia « ille qui in ius succedit alterius, eo iure, quo ille, uti debebit. »[34]

Inferior potest dispensare a lege Superioris quibusdam in casibus, et hoc facere potest aut *potestate ordinaria participata,* quando scilicet hæc facultas ei fit ratione officii quo incumbit, aut *potestate delegata,* quando speciales facultates ad hoc obtinuit uti delegatus Superioris.[35] Post promulgationem Codicis Iuris Canonici potestas ordinaria participata dispensandi a legibus Ecclesiæ generalibus interpretanda est ex ipso can. 81 tenore una cum responsionibus Commissionis ad Codicis canones authentice interpretandos hac de re datis. Quod infra, in alio capite, videbitur. Pro tempore præsenti sufficit dicere dispensationes dari posse ab inferioribus, servatis servandis. Uti patet ex notione dispensationis et ex superius dictis, auctor dispensationis potestate iurisdictionis gaudere debet.

Subiectum passivum dispensationis. Cum pro dispensatione requiratur in eius auctore potestas iurisdictionis, liquido constat solos subditos dispensantis hunc favorem petere posse et illum obtinere. Præter baptismum valide susceptum, quod est conditio essentialis omnibus in casibus, sunt subditi relate ad legem ecclesiasticam, et proinde ad dispensationem, illi qui lege obstringuntur sive ratione domicilii vel quasi-domicilii, aut quia sunt peregrini vel vagi in territorio ubi ex viget, aut ex capite religiosae professionis, promissio-

[32] C. 1, X, *de regulis iuris,* V, 41. Cfr. etiam c. 2, I, *de electione et electi potestate,* 3, in Clem. ; c. 16, X, *de maioritate et obœdientia,* I, 33.

[33] Cfr. c. 4, X, *de electione et de electi potestate,* I, 6.

[34] Reg. 46, R.J., in VI°. — Romanus Pontifex, « potestate ordinaria vicaria, dispensat in quibusdam legibus divinis quarum obligatio a prævio consensu voluntatis humanæ pendet, ut in votis, iuramentis, professione religiosa, etc. » — Coronata, *Institutiones,* I, 121-122. Hoc tamen improprie dicitur dispensatio.

[35] Reg. 68, R.J., in VI°, dicit : « Potest quis per alium, quod potest per seipsum. » Hoc in principio fundatur quæcumque potestas participata. Evolutio facultatis dispensandi in lege Superioris invenitur in sectione historica huius opusculi.

nis, ingressus in religionem, receptionis in domum religiosam ratione hospitii, famulatus, valetudinis, aut ex capite incardinationis aliqua in diœcesi, et similia. Paucis verbis, quicumque ex quocumque capite sub lege cadit, subiectum passivum dispensationis esse potest.

Aliqua ratio « subditantiæ », ut ita dicam, intercedere semper debet dispensandum inter et dispensantem. Confessarius, v.g., subditos stricto sensu non habet, neque sacerdos matrimonio assistens ad normam can. 1098, n. 2. Attamen quando ipsi facultate dispensandi utuntur, dicendum est pœnitentem vel sponsos, prout casus fert, illa vice quodammodo fieri subditos confessarii vel sacerdotis assistentis respective.

Ipse auctor dispensationis, sensu omnino latissimo, potest aliquando considerari ut subiectum passivum dispensationis, si cum seipso dispensat ad normam can. 201, § 3.

Art. 5. — De causa dispensationis.

« A lege ecclesiastica ne dispensetur sine iusta et rationabili causa, habita ratione gravitatis legis a qua dispensatur ; alias dispensatio ab inferiore data illicita et invalida est. »[36] Necessitas causæ rationabilis et iustæ ad dispensationem petendam et concedendam decursu sæculorum affirmata in iure canonico invenitur.[37] Dispensatio est « vulnus legi illatum » et proinde non arbitrarie, sed secundum fidelitatis et prudentiæ dictamina, concedanda est.[38] Ut bene notat Benedictus PP. XIV, si sine causa dantur dispensationes, « tunc non dispensationes, sed dissipationes et incontinentiæ fomenta essent, a quibus fidelis prudensque Minister Christi omnimode abstinere tenetur. »[39]

[36] Can. 84, §1.

[37] Cfr. c. 20, X. *de rescriptis*, I, 3 ; c. 14, *de electione et electi potestate*, I, 6, in VI° ; Conc. Trid., sess. VI, *de ref.*, c. 2 ; sess. XXIV, *de ref. matr.*, c. 5 ; sess. XXV, *de ref.*, c. 18 ; *inferius*, pp. 58 ssq.

[38] Cfr. argumentum S. Thomæ in *Summa Theologica* (6 voll., Parisiis, 1895), Ia 2æ, q. 97, art. 4, in corp.

[39] Ep. encycl. *Inter omnigenas*, 2 febr. 1744, § 14 — *Codicis Iuris Canonici Fontes*, cura Emi Petri Card. Gasparri editi, (9 voll., Romæ, 1923-1939 ; (Voll. VII-IX prodierunt cura et studio Emi Iustiniani Card. Serédi), n. 339. (In posterum citabitur *Fontes*).

Validitas dispensationis sine causa factæ ab ipso legislatore parvi nostra refert, uti patet.[40] Unanimis sententia vero tenet causam semper desiderari ad liceitatem dispensationis, sive lex auctoritate propria sive potestate participata relaxatur. Præterea, quando inferior dispensat in lege Superioris, causa tum ad liceitatem cum ad validitatem requiritur, uti plane constat ex can. 84, § 1.

Causa præcipue consistit in proportione, lumine rationis et æquitate canonica mensurata, inter gravitatem legis quæ relaxatur et convenientiam aut impellentiam motivorum seu rationum quæ dispensationem in casu particulari suggerunt. Causa denique, quamvis bonum privatum respicere possit, ultimo et finaliter ad bonum commune ordinatur.[41]

« Dispensatio in dubio de sufficientia causæ licite petitur et potest licite et valide concedi. » (Can. 84, § 2). Auctores disputant utrum causa dubie existens sufficiat ad legitimam et validam dispensationem, annon. Permulti huic quæstioni negative respondent ;[42] paucioresque alii sententiam affirmativam propugnare conantur.[43] Auctori huius dissertationis sententia negativa prorsus sustinenda videtur. « Leges ecclesiasticæ intelligendæ sunt secundum propriam verborum significationem in textu et contextu consideratam. » (Can. 18). Atqui verba « in dubio de *sufficientia* causæ » planissima sunt : ergo. Adde quod de necessitate seu existentia causæ iam actum est in prima paragrapho can. 84 : quæ necessitas constituit contextum totius canonis mox citati. Cum ergo in paragrapho secunda de dubio sufficientiæ causæ agitur, ipsius causæ existentia præsupponitur uti

[40] Hanc quæstionem videre potes in Suarez, *De Legibus*, Lib. VI, cap. XIX.

[41] Cfr. Suarez, *De Legibus*, Lib. VI, cap. XVIII, n. 18.

[42] Cfr. Reilly, *The General Norms of Dispensation*, p. 114 ; O'Mara, *Canonical Causes for Matrimonial Dispensations*, The Catholic Unversity of America Canon Law Studies, n. 96 (Washington, D.C. : The Catholic University of America, 1935), p. 65 ; Van Hove, *De Dispensationibus*, n. 477 ; Berutti, *Institutiones Iuris Canonici* (6 voll., Taurini-Romæ : Marietti, 1936-1940), I, n. 222 ; Vermeersch-Creusen, *Epitome Iuris Canonici*, I, n. 197 ; Cicognani-Staffa, *Commentarium*, II, 623 ; Cappello, *Summa Iuris Canonici* (3 voll., 2ª ed., Romæ, 1932-1940), I, n. 133 ; etc.

[43] Coronata, *Institutiones*, I, 128 ; Ojetti, *Commentarium in Codicem Iuris Canonici*, I, 338-339 ; Michiels, *Normæ*, II, 754 ; et quidam alii.

conditio sine qua non ; etenim minus rationabile videtur agere de sufficientia cuisdam rei quando nescitur utrum ipsa res existat necne.

In sequentibus breves dantur notiones et divisiones causarum dispensationis. Causa dicitur :

Intrinseca, quando observationi legis directe opponitur et observationem legis difficilem reddit. Nota tamen quod talis causa non est adeo gravis ut per se a lege excuset, aliter causa excusans diceretur.

Extrinseca, scilicet « quæ non opponitur quidem directe observationi legis, sed exurgit ex quibusdam circumstantiis ipsi legi extrinsecis, ut ecce pax inter familias instauranda. »[44]

Finalis seu *motiva,* cum per se sufficiens est ad dispensationem obtinendam seu Superiorem principaliter movet ad dispensandum.

Impulsiva seu *impellens,* si concessionem dispensationis faciliorem ex parte Superioris reddit. Generatim causam motivam comitatur.

Canonica, si ab ipso iure specificatur, vel in praxi et stylo Curiæ admitti solet quando dispensationes fiunt.

Iusta, quando legi et dispensationi proportionatur.

Rationabilis, scilicet prudentiæ et æquitatis principiis necnon adiunctis seu circumstantiis practicis aptata. Rationabilitas causæ ex gravitate legis mensuratur proportionata rationibus quæ relaxationi favent.

Hæ principaliores divisiones causarum sunt. Aliæ minoris momenti, uti causa *sufficiens* et *insufficiens,* non indigent explicatione, quia facile intelliguntur. Quando agitur de causis pro dispensationibus matrimonialibus sermo est etiam de *honestis* seu non infamantibus, quæ videlicet non nituntur aliquo crimine vel diffamatione sponsorum. Vocantur autem *infamantes* seu *inhonestæ* si e contra.

Ultimo dicendum est quod auctor dispensationis, præsertim si auctoritate participata agit, aliquam cognitionem existentiæ et sufficientiæ causæ habere debet. « Quod si urgens iustaque ratio, et maior

[44] Ojetti, *Commentarium in Codicem Iuris Canonici,* I, 336.

quandoque utilitas postulaverit, cum aliquibus dispensandum esse, id *causa cognita* ac summa maturitate... erit præstandum. »[45]

ART. 6. — DE INTERPRETATIONE ET CESSATIONE DISPENSATIONIS.

Interpretatio. In quantum expressa norma de dispensationibus interpretandis deficit, principium can. 49 hic bene applicari posse videtur (mutatis mutandis), nempe : [Dispensationes] intelligendæ sunt secundum propriam verborum significationem et communem loquendi usum, nec debent ad casus alios præter expressos extendi. Ex hac norma generali quædam aliae particulares inferuntur, videlicet :

a) Gratia quæ per dispensationem conceditur non est extendenda ad alium casum, nempe de re ad rem aut de persona ad personam.[46]

b) Quæ ex natura sua, stylo Curiæ, norma iuris vel legitimæ consuetudinis inter se necessario connectuntur, ita ut dispensatio ab uno intelligi nequeat sine relaxatione a connexis, relaxata uno actu dispensationis habenda sunt. Huiusmodi interpretatio minime dicenda est extensiva.[47]

c) Dispensatio generatim stricte interpretanda est, quia omnem relaxationem tamquam « exorbitantem a iure oportet veluti odiosam restringere. »[48] Hoc apprime obtinet, ex præscripto can. 85, in casibus a can. 50 specificatis : « In dubio, rescripta (lege : dispensationes) quæ ad lites referuntur, vel iura aliis quæsita lædunt, vel adversantur legi in commodum privatorum, vel denique impetrata fuerunt ad beneficii ecclesiastici assecutionem, strictam interpretationem recipiunt. »

d) Interpretatio non est ita restringenda ut concessio dispensa-

[45] Conc. Trid., sess. XXV, *de ref.*, c. 18 — Schrœder, *Canons and Decrees of the Council of Trent* (St. Louis : B. Herder, 1941), p. 516.

[46] « Quæ a iure communi exorbitant, nequaquam ad consequentiam sunt trahenda, » (Reg. 28) et « Quod alicui gratiose conceditur, trahi non debet aliis in exemplum. » (Reg. 74) — R.J., in VI°.

[47] « Connexa habentur pro uno ». — Reg. Iuris Communis in De Mauri, *Regulæ Iuris* (11ª ed., Mediolani : Hœpli, 1949), p. 42.

[48] C. 1, *De filiis præsbyterorum et aliis illegitime natis*, I, 11, in VI°.

tionis prorsus destruatur. Aliquid indulgentiæ seu favoris Principis omnis dispensatio continere debet.[49]

Cessatio. Cessatio afficit tantummodo dispensationes faciendas, videlicet quando res nondum acta est, uti patet. Pluribus autem modis cessare potest dispensatio, nempe :

1) Revocatione ab auctore facta et subiecto passivo notificata. Hic distinctionem inducere oportet. Si dispensatio concessa est auctoritate propria, revocatio facienda est ex rationabili causa, ad liceitatem. Si vero potestate participata (sive ordinaria sive delegata ad universitatem causarum) facta fuit, tunc causa iusta requiritur tam ad liceitatem quam ad validitatem revocationis. Delegatus ad unicum dispensationis actum nequit revocare dispensationem re finita, quia potestas eius expiravit.

2) Renuntiatione ex parte subiecti passivi (si capax est) et a concedente acceptata, modo renuntiatio aliis non noceat. Sententia communior tenet dispensationem non cessare per non usum aut tacitam renuntiationem.

3) Resoluto iure concedentis, si clausula « ad beneplacitum nostrum » concessioni adiecta sit.

4) Exhausto tempore vel numero casuum in concessione specificatis.

5) Extinctione naturali vel iuridica subiecti passivi. Intellige etiam de extinctione totali loci vel officii, si de dispensatione reali agitur.

6) Certa et totali cessatione causæ motivæ. Hoc prædicatur solummodo de dispensatione tractum habente successivum et de ea quæ tractum non habet successivum, sed conditionata est durationi causæ.[50]

[49] Hic bene applicari potest norma de interpretatione privilegiorum a can. 68 tradita. Quæ norma optime explicatur a Rœlker, *Principles of Privilege According to the Code of Canon Law*, The Catholic University of America Canon Law Studies, n. 35 (Washington, D.C. : The Catholic University of America, 1926), p. 79.

[50] Totam quæstionem vide in Reilly, *The General Norms of Dispensation*, pp. 124-138 ; Michiels, *Normæ*, II, 763-771.

PARS PRIMA

HISTORIA INSTITUTI

CAPUT II

AB INITIO ECCLESIÆ USQUE AD GRATIANUM

ART. 1. — TRIBUS PRIORIBUS SÆCULIS.

Pro antiquissimis Ecclesiæ temporibus deficiunt documenta e quibus historia de iure vel facultate Episcoporum a lege generali dispensandi certo extrui possit. Quapropter ut gratuita reiicienda est tum affirmatio Episcopalistarum qui, duce Febronio (1701-1790),[1] docuerunt Episcopos tunc temporis « iure proprio et exclusivo » dispensasse ; cum doctrina quorundam commentatorum Medii Aevi, qui tenebant inferiores Romano Pontifici omnino incapaces hac in re fuisse.

Opinio, igitur, quæ tenet tribus prioribus sæculis Episcopum auctorem fuisse dispensationis plurimis in casibus et interdum dispensasse in iure communi, ex necessitate temporum et salva potestate Romani Pontificis, magis placet neque arbitraria videtur.[2] Ipsa ratio in favorem huiusmodi sententiæ militat.

Notum est canones maxima custodiri cura im primæva Ecclesia, ob christianorum fervorem. Attamen communitas christifidelium hominibus constabat, et ubi homines sunt expectanda est aliqua legum transgsessio,[3] vel casus exurgere poterat in quo stricta canonum observantia difficilis impossibilisve evaderet. Ipse Apostolus Paulus,

[1] *De Statu Ecclesiæ et legitima potestate Romani Pontificis liber singularis*, Francofurti, 1763.

[2] Cfr. Brys, *De dispensatione in iure canonico* (Brugis 1935), pp. 31, 33, ubi subscribitur theoriæ Stiegler, *Dispensation, Dispensationswesen und Dispensationsrecht im Kirchenrecht* (Mainz, 1904), pp. 77-78.

[3] « Necesse est ut veniant scandala. » — Matth., XVIII, 7.

brevi post Concilii Hierosolymitani celebrationem, ubi statutum fuerat fideles Christi non teneri ad circumcisionem,[4] necessitate loci populique compulsus Timotheum circumcisit.[5] Poenitentia erat utique remedium ordinarium ad transgressiones luendas, et dispensatio remedium extraordinarium considerari poterat. Sed videtur quod etiam tunc temporis dispensationem unicum extitisse remedium ad legis rigorem relaxandum plurimis in casibus. Nunc autem circumstantiæ temporum, difficultas communicationum inter Primam Sedem et dissitas Dioeceses, brevitas temporis in casu urgenti et, praesertim, persecutiones quibus subiectæ erant ecclesiæ, arduum et plerumque impossibilem recursum ad Summum Pontificem reddebant. Quis subvenire hisce in casibus poterat ?

Monumenta, quibus Ecclesiæ historia ante sæculum IV texitur, Episcopum auctoritate summa inter fideles clerumque gaudere ostendunt. Ipse erat inspector, princeps ecclesiæ, præsul, superior et centrum communitatis eiusdemque apud extraneos vicem gerens.[6] Monitum S. Ignatii M. (ca. † 107) ad Smyrnæos : « Non licet sine episcopo neque baptizare, neque agapen celebrare ; sed quodcumque ille probaverit hoc et Deo est beneplacitum, ut firmum validumque sit omne quod peragitur, »[7] optime describit relationes præsulem inter suosque fideles.

Rationabiliter, ergo, teneri potest quasdam veri nominis dispensationes a lege universali tribus prioribus sæculis concessas esse, contra De Marca (1594-1662)[8] et Thomassinum (1619-1695)[9] asserentes apud veteres numquam dari venia canonis infringendi, atque huiusmodi dispensationum Episcopum auctorem fuisse.

[4] Act., XV.

[5] Act., XVI, 3.

[6] Cfr. Marx, *Manuale di Storia Ecclesiastica*, Traduzione italiana dal tedesco del Sac. Guido Pagnini (5ª ed., 2 voll., Firenze : Liberia Editrice Fiorentina, 1938), I, 87.

[7] Migne, *Patrologiæ Cursus Completus, Series Græca* (*MPG*), (161 voll. Parisiis, 1857-1866), V, 714.

[8] *De concordantia Sacerdoti et Imperi, seu de libertate Ecclesiæ Gallicanæ* (3 voll., Bambergæ, 1788), L. III, C. XIII, n. 2.

[9] *Vetus et nova disciplina ecclesiastica circa beneficia et beneficiarios* (3 voll., Venetiis, 1752), Pars II, L. III, C. 24, nn. 5-20.

Art. 2. — Animadversiones.

Antequam ulterius procedatur, quædam notare fortasse iuvabit, scilicet :

1. Nullus tractatus de dispensatione saltem ante sæculum XI, immo nec definitio iuridica habetur. Opera Hincmari Rhemensis († 882) et Abbonis Abbatis Floriacensis († 1004), in quibus obiter de re tractatur, minoris sunt momenti. Ipse conceptus dispensationis non unico sed plurimis designatur nominibus in primis ævi christiani sæculis ; dicitur enim : œconomia, indulgentia, venia, beneficium, temperamentum, misericordia, clementia, liberatio, relaxatio a summo iure, sapiens condenscensio, medicinalis condenscensio, detractio rigoris iuris, et similia.[10] Hæc nominum varietas in antiquis monumentis aliquando difficile reddit argumentum ad dispensationem probandam, præsertim si consideratur quod eadem verba interdum usurpantur pro quibusdam institutis dispensationi affinibus, quæ tamen ab ea differunt, v.g. absolutio, epicheia, licentia, etc. Quare argumentum probativum interdum non eruitur ex nuda citatione textus, sed potius ex logicæ rationibus aliisque adiunctis efformari debet.[11]

2. Multa instituta iuridica sic evolvuntur : primo praxis habetur, deinde efformatur theoria, denique ex his duobus leges conduntur.[12]

3. Antiqua Ecclesiæ praxis maxime diversa a præsenti erat. Hodiernis temporibus sæpe, cum contra canonum præscripta aliquid fit, remedium dispensationis suggeritur ut actus legitimetur vel

[10] Cfr. Christ, *Dispensation from Vindicative Penalties*, pp. 15-16.

[11] Cfr. totum Caput III *op. cit.* Brys.

[12] Cfr. *Dictionnaire de Théologie Catholique* (16 voll. in 32, Paris : Letouzey et Ané, 1903-1950) sub voce « *Dispenses* » : « La théorie juridique de la dispense, comme toutes les théories, est de beaucoup postérieure à la pratique. » Tom. IV, Pars 2, col. 1431. Hæc sententia A. Villien, auctoris articuli modo citati ex *Dictionnaire de Théologie Catholique*, nimis generica apparet nec applicari potest omnibus institutis iuridicis quin errorem gignat evolutionismi. Præterea dari potest quod prius habeatur theoria de aliqua re, secundum quam theoriam legislator suam condit legem, nulla præcedente praxi ante promulgationem. Itemque possibile est ut lex et praxim et theoriam antecedat. In casu instituti dispensationis videtur praxim antecessise theoriam et ipsam legem facultatm relaxandi concedentem. Quapropter sustineri posse videtur sententia in textu, sub n. 2, redacta ; quamvis reiiciatur affirmatio A. Villien « comme toutes les théories » tamquam nimis generica.

convalidetur. Antiquitus potius contrarium eveniebat. Rigor disciplinæ sæpissime prævalebat, ita ut v.g., loco convalidandi vel legitimandi matrimonium contra Ecclesiæ præcepta initum, separationem partium canones urgebant ; loco dispensandi cum ordinato canonico impedimento laborante, suspensionem ab officio imponebant. Quod, ut bene notat S. Augustinus († 430), « non desperatione indulgentiæ, sed rigore factum est disciplinæ. »[13]

4. Statutum fuit in Concilio Nicæno (325), canone 5, ut in qualibet provincia bis in anno provinciale concilium colligeretur.[14] Hæc norma occasionem dabat Episcopis simul congregatis providendi casibus inter conciliorum celebrationem occurrentibus, vel casibus prævisis pro futuro, potius quam relinquere singulus Episcopis explicitam facultatem videndi de casibus extra concilium.

Animadversiones hucusque allatæ quodammodo explicant quare brevis de facultate dispensandi Episcoporum et nonnumquam obscurus sermo paucaque indicia de re inveniantur ante Decretum Gratiani (ca. 1140), Decretales Summorum Pontificum eorumque Commentatores.

ART. 3. — EX CONCILIIS SYNODISQUE A SÆCULO QUARTO ET DEINCEPS.

Restituta Ecclesiæ pace per Edictum Mediolanense (313), synodi atque concilia multis in locis celebrari cœperunt.

In can. 2 Concilii Ancyrani (314) decreta est suspensio contra diaconos « qui sacrificarunt ; » attamen eodem in canone Episcopis facultas tribuitur dispensandi a suspensione, si volunt.[15] Et in can. 5

[13] *Ep. CLXXXV*, Cap. 10, n. 45, in Migne, *Patrologiæ Cursus Completus, Series Latina* (*MPL*), (221 voll., Parisiis 1844), XXXIII, 813.

[14] Hefele-Leclercq, *Histoire des Conciles* (11 voll. in 20, Paris : Letouzey et Ané, 1907-1949), I, 548 (deinceps citabitur ; Hefele-Leclercq). — Idem præscriptum invenitur in Canone Apostolico XXXVII, uti videre potes in Fulton, *Index Canonum* (New-York, 1892), p. 92 ; atque repetitur diversis in conciliis per Mediam Ætatem. Cfr. Hefele-Leclercq, II, 291 ; IV, 61 ; etc.

[15] « ...diaconos similiter qui sacrificarunt, postea autem reluctati sunt... ab omni ministerio sacerdotali cessare, et panem vel calicem offerendi vel prædicandi. Sed si episcopi aliqui in iis vel afflictionem aliquam, vel humilitatem ac mansuetudinem viderint, et aliquid amplius dare vel offerre voluerint,

eiusdem Concilii Patres statuerunt spatium pœnitentiæ trium annorum contra christianos epulis paganorum participantes, quin comederint de carnibus idolis immolatis ; Episcopo autem potestas fiebat huiusmodi pœnitentiæ tempus breviandi.[16] Item Episcopi matrimonium clericis in sacro diaconatus ordine iam constitutos permittere poterant, si ab eisdem tempore ordinationis edocti fuerant se nuptias inire velle.[17]

Iuxta can. 8 Concilii Nicæni (325), Episcopi ex hæresi Catharorum ad Fidem catholicam conversi reducendi erant ad præsbyteratus gradum. Sed Episcopus catholicus sinere poterat ut dignitatem prælaturæ retinerent, et illos tamquam episcopos titulares habere.[18] Can. 12 eiusdem Concilii facultatem tribuit Episcopis humanius agendi cum militibus ad Fidem conversis, qui « cingula deposuerunt, postea autem ut canes ad suum vomitum reversi sunt, » et contra quos Patres pœnitentiam decem annorum statuerant.[19]

Concilium Chalcedonense (451) comminabatur excommunicationem contra virgines vel monachos Deo sacratos, qui matrimonium attentaverant. Attamen Episcopus loci eis indulgere poterat.[20] Notum est huiusmodi matrimonia tunc temporis prohibita esse, sed non irrita : ergo « indulgentia » de qua loquitur canon significat Episcopum vel posse impedimentum impediens dispensatione auferre, vel facultatem habere excommunicationem non urgendi.

In Concilio Hipponensi (393) statutum fuit mulieres ante vigesimum quintum ætatis suæ annum Domino consecrari voto virginitatis non posse ;[21] in Concilio generali Africæ vero, seu XVI Concilio Carthaginensi (418), Patres constituerunt Episcopum posse,

in eorum potestate id esse. » — Mansi, *Sacrorum Conciliorum nova et amplissima Collectio* (53 voll. in 60, Parisiis, 1901-1927), II, 514. Deinceps citabitur Mansi, et quando primo loco hoc nomen invenitur, textus latinus conciliorum ex eodem desumptus est. Cfr. etiam Hefele-Leclercq, I, 303. In canone citato agitur de suspensione per modum pœnæ vindicativæ, quia imponitur quamvis « postea reluctati sunt, » nempe cessata contumacia.

[16] Mansi, II, 514 ; Hefele-Leclercq, I, 307.

[17] Can. 10 Conc. Ancyrani — Mansi, III, 318 ; Hefele-Leclercq, I, 312.

[18] Mansi, II, 671 ; Hefele-Leclercq, I, 591.

[19] Mansi, II, 674 ; Hefele-Leclercq, I, 591.

[20] Hefele-Leclercq, II, 804.

[21] Can. 1 secundæ seriei — Hefele-Leclerq, II, 206.

necessitatis causa, dispensare ab impedimento ætatis canonicæ ad velum accipiendum.[22]

Relate ad tempus elapsum inter sæculum V et sæculum IX, auctor huius opusculi non invenit in legislatione conciliari notitias certas et claras de potestate Episcoporum dispensandi.

Sæculo IX Episcopus poterat absolvere, et ut videtur dispensare ab irregularitate si casus ferebat, homicidas involuntarios, post pœnitentiam quadraginta dierum.[23]

SCHOLION. — Can. 5 (supra citatus) Concilii Ancyrani ita redactus est : « ...si autem non comederunt, cum duobus annis supplices substratique fuerint, tertio anno communicent sine oblatione, ut id quod perfectum est triennio accipiant. Statuimus autem ut episcopi, modo conversationis examinato, potestatem habeant vel utendi clementia, vel plus temporis adiiciendi. »

Hoc in canone, sicut generatim in omnibus canonibus conciliorum eadem forma redactis, quando scilicet duabus partibus constant quarum in prima pœna pro aliquo delicto continetur, in altera vero de « clementia, misericordia, etc. » arbitrio Episcopi adhibenda sermo fit, duo distinguenda videntur :

a) Pœna contra transgressores ab ipso iure determinata ; quæ pœna, exacto statuto tempore, cessabat. Hoc directe respiciebat ipsum pœnitentem.

b) Facultas tempus huiusmodi pœnitentiæ contrahendi vel producendi ; quod directe respiciebat Episcopum, eique potestatem faciebat legis statutum immutandi, v.g., quando « clementia » utebatur erga pœnitentem.

Hæc secunda clausula vera dispensandi facultas videtur, quia Episcopus poterat breviare tempus pœnitentiæ, utique ex causa congruenti, pro suo arbitrio ; nec videtur Episcopum hoc facere potuisse, nisi auctoritatem vel potestatem habuisset dispensandi a præcepto canonis in quo specifice pœnæ tempus determinabatur.

[22] Can. 18 — Hefele-Leclercq, II, 207.

[23] Can. 34 Concilii Triburicensis (in Germania), anno 895 celebrati — Hefele-Leclercq, IV, 702.

Innocentius IV (1243-1254) vero contrarium docuit : « In pœnis imponendis licet in eis qualitas personarum et honestas attendenda sit... et illis inspectis aliquando gravior aliquando minor pœna imponenda sit, non tamen dicitur ibi dispensare, quia de iure communi inferuntur. »[24] Hoc Innocentii IV argumentum suum habet momentum, sed videtur nimis generale ; proinde aliqua distinctio proponitur, nempe : si canon pœnam determinat et deinde statuit pœnam augeri vel minui debere, consideratis dispositionibus rei, tunc non agitur de dispensatione, quia aggravatio vel diminutio pœnæ debetur ex iustitia. Hoc in casu valent verba Pontificis nuper citata, « non tamen dicitur ibi dispensare, quia de iure communi inferuntur. » At in omnibus fere canonibus Conciliorum antiquorum dicitur sic et simpliciter : « Si Episcopi... aliquid amplius date *voluerint,* » vel « Episcopi *potestatem habent* utendi clementia, » et similia. Unde igitur conclusio Innocentii IV, « aliquando gravior aliquando minor poena *imponenda sit* » ? Ex lectione canonum non apparet pœnam augendam vel minuendam *esse,* sed tantum *posse.* Quare, contra Innocentii IV doctrinam, videtur adhuc retineri posse quod si Episcopi tunc temporis « clementia » utebantur ad pœnam imminuendam, illos revera dispensasse, quia canonem relaxabant non ex iustitia, sed ex misericordia seu ex iurisdictione voluntaria.

Adde quod can. 5 Concilii Ancyrani et omnes canones eadem forma redacti non necessario interpretandi sunt tamquam potestatem concedentes mitigandi pœnam infligendam, sed possunt considerari tamquam facultatem facientes Epicopis relaxandi pœnam iam illatam. Quæ altera interpretatio longe probabilior est. Etenim Episcopus debebat modum conversationis examinare, humilitatem et mansuetudinem videre, priusquam clementia uteretur. Ergo reus prius inter pœnitentes adnumerabatur pro tempore a lege statuto, deinde ab Episcopo dispensabatur a finiendo pœnæ tempore quod adhuc remanebat.

[24] *In quinque libros Decretalium necnon in Decretales per eundem editas Commentaria doctissima* (Venetiis, 1578), ad c. 15, *Dilectus,* X, *de temporibus ordinationum et de qualitate ordinandorum,* I, 11. — Idem tenet Ioannes Andræe, *In sex Decretalium libros novella Commentaria* (6 voll. in 5, Venetiis, 1581), ad c. 15, *Dilectus,* etc. (*ut supra*), n. 8 (deinceps citabitur *Commentaria novella*).

Quæ hucusque in Scholio dicta sunt pugnare videntur cum opinione superius in Cap. I, Art. 1, expressa, scilicet relaxationem a pœnis vindicativis dispensationem sensu improprio esse. Huic obiectioni respondetur dicendo quod hic non agitur de quæstione utrum huiusmodi relaxatio pœnarum sit dispensatio sensu stricto vel lato, sed potius utrum sit dispensatio necne. Insuper antiquitus huiusmodi relaxationes dispensationes vocabantur, nulla facta distinctione. Proinde interpretatio canonum de quibus nunc tractatum est facienda est ad mentem Episcoporum et canonistarum tunc temporis. Ita apparens contradictio solvitur.

ART. 4. — FACULTATES A ROMANIS PONTIFICIBUS DATÆ.

Romani Pontifices aliquando Episcopis facultatem dispensandi fecerunt, interdum vero dispensationes ab inferiore concessas auctoritate sua firmaverunt. Plura de hoc monumenta extant, sed quædam solummodo exempla citantur demonstrationis et illustrationis causa.

Siricius Papa (384-398) ordinationes neophytorum contra canones factas improbabat, sed eodem tempore scribebat : « Certe etiam illud non fuit prætermittendum... quod semel aut secundo necessitas hæreticorum intulit contra apostolica præcepta, velut lege cœpisse præsumi. »[25] Unde desumitur Pontificem non improbasse casualem dispensationem, sed abusum condemnasse. S. Gregorius Magnus (590-604) Augustino Episcopo Cantuariensi permisit ut « iam in tertia vel quarta generatione fidelium licenter sibi iungi debeant ; »[26] nempe facultatem dispensandi a canone matrimonium inter consanguineos vetante usque ad septimam generationem.

Ad providendum diœcesibus Italiæ meridionalis bello et fame depopulatis, Gelasius I (492-496) concessit Episcopis facultatem

[25] *Ep. VI*, n. 5, a Migne in nota citata. — *MPG*, XXXII, 795.

[26] *MPL*, LXXVII, 1189. Circa genuinitatem huius Responsi Gregorii Papæ dubitatum fuit ; at opinio hodiernorum pro authenticitate militat. Cfr. Eidenschink, *The Election of Bishops in the Letters of Pope Gregory the Great*, The Catholic University of America Canon Law Studies, No. 215 (Washington, D.C. : The Catholic University of America Press, 1945), pp. 61-62, in nota, ubi citantur multi auctores in favorem genuinitatis Responsi. S. Beda Venerabilis, qui fidelissime collegit documenta pro sua *Historia Ecclesiæ Anglicæ*, Responsa S. Gregorii PP. inclusit in suo opere.

dispensandi ab interstitiis.[27] Et Episcopo Joanni Philadelphiæ Martinus I (649-655) potestatem fecit dispensandi cum clericis lapsis.[28] Scripsit enim Pontifex : « Novit enim canon afflictorum temporum persecutionibus veniam tribuere... propter necessitatem ex misericordia cogit multam diligentiam prætermittere. »[29]

Art. 5. — Doctrina et praxis Patrum.

Patres non tractaverunt ex professo de dispensatione, sed quædam de re obiter scripserunt, præsertim cum casus referebant qui iuri contrarii videri poterant.

S. Basilius Magnus († 379) Amphylochio scripsit anno 375 « quod si quis sit ex neophytis... ille ordinetur, » quia candidatum pro ordinatione ab ipso expectatum « inutilem omnino ad quælibet munia relictum esse. »[30] S. Basilius bene quidem noverat prohibitionem S. Pauli[31] et canonem 2 Concilii Nicæni relate ad ordinationes neophytorum ;[32] sed iudicavit dispensationem ab hoc statuto necessariam esse ob circumstantias. S. Cyrillus Alexandrinus († 444) Gennadium monuit in aliquo iuris rigore connivendum esse maioris emolumenti causa. Retulit enim casum Episcopi Procli, qui communioni receperat « Aeliensium Episcopum quem quidem Ecclesiæ leges Palestinæ præpositum non noverunt, » atque conclusit quod talis « dispensationis modus nulli sapientium displicuit. » Etenim « dispensationes nonnumquam cogunt parum a debito quosdam fore exire, ut

[27] *MPL*, LVI, 692 ; Thiel, *Epistolæ Romanorum Pontificum Genuinæ, a S. Hilario* (461-468) *ad S. Hormisdam* (514-523) (Brunsbergæ, 1868), p. 166. (In posterum citabitur : Thiel ; et intelligitur volumen modo citatum, quia quamvis opus Thiel duobus voluminibus constare debebat, alterum volumen numquam in lucem prodiit). Notandum est quod in antiquissimis collectionibus, v. g. Dion., Hispana, Isid., superscriptio huius epistolæ Gelasii ita est : « Episcopis per Lucaniam et Brutios et Siciliam. » Postea supersciptio ita mutata est : « Episcopis per Italiam. » Denique : « Episcopis universis.» Quod demonstrat compilatores hanc Gelasii concessionem ad omnes ecclesias extendisse, aut fortasse talem potestatem dispensandi universaliter usurpatam fuisse decursu temporis.

[28] *Ep. V* — *MPL*, LXXXVII, 158 ; Thiel, I, 166.

[29] *MPL*, LXXXVII, 159 ; Thiel, *loc. cit.*

[30] *Ep. CCVII* — *MPG*, XXXII, 794-795.

[31] I Tim., III, 6.

[32] Hefele-Leclercq, I, 535.

maius aliquid lucrifaciant.»[33] Idemque S. Cyrillus Amphylochio Episcopo Sidæ scripsit ne summo iure ageret cum iis qui ex hæresi Euchitarum seu Messalitarum sese converterant, et illos dispensaret a professionis fidei recitatione (et verisimiliter a subscriptione) si acumine mentis non pollebant.[34] De facto S. Cyrillus liberalissimus vocari potest quoad dispensationes concedendas ; putabat enim quod « melius est blande potius sustinere resistentes, quam iuris acumine ipsis molestiam creare.»[35]

In Ecclesia Latina habetur celeberrimum exemplum dispensationis in electione S. Ambrosii († 397), de qua ipsemet scripsit : « Tamen ordinationem meam Occidentales episcopi iudicio, Orientales etiam exemplo probarunt ; » plane indicans dispensationes a præcepto non eligendi neophytum in Episcopum interdum fieri, saltem in Oriente.[36]

Sæculo VIII Chrodegangus, Metensis Episcopus, in capite 20 *Regulæ* suæ (ca. 760) notat antiquam Ecclesiæ consuetudinem abstinendi a carnibus feriis IV et VI. Prosequitur autem dicendo quod si hisce diebus festum occurrerit, Episcopo licet esum carnium fidelibus permittere.[37] Atque Theodulphus, Aurelianensis Episcopus, in suo opere *Capitula pro Clero* (initio sæc. IX) scribit « quod ieiunium Quadragesimæ summa cura observandum sit... Nulla in his occasio sit resolvendi ieiunii, quia alio tempore ieiunium solet charitatis causa

[33] *Ep. LVI* — *MPG*, LXXVII, 319.

[34] *Ep. LXXXII* — *MPG*, LXXVII, 375. Formulæ ad hæresim abiurandam et fidem profitendam a conciliis præscribebantur, et aliquando in scriptis subsignandæ erant. Cfr. can. 8 Conc. Nicæni I in Hefele-Leclercq, I, 576.

[35] *Ep. LVIII* — *MPG*, LXXVII, 322.

[36] *Ep. LXIII*, n. 65 — *MPL*, XVI, 1206. Immo constat S. Ambrosium nec neophytum fuisse tempore suæ electionis, sed adhuc cathecumenum. Exempla quibus S. Doctor alludit sunt illa ordinationis senatoris Nectarii ad Sedem Constantinopolitanam, pluraque alia a Hefele-Leclercq citata, I, 535, nota 4. Alium exemplum in Ecclesia Latina est illud S. Cypriani Ep. M. († 258) qui, ut scribit S. Hieronimus in libro *De Scriptoribus Ecclesiasticis*, c. 67 : « Post non multum temporis (a suscepto baptismate) electus in presbyterum, etiam episcopus carthaginensis constitutus est ». Cfr. *Acta Sanctorum* (65 voll., ed. Parisiensis, 1863-1869), sub die 14 sept. Quod si in Ecclesia Latina non inveniuntur multa exempla exercitii potestatis dispensandi per Episcopos, hoc verisimiliter explicatur ratione quod recursus ad S. Sedem facilior erat pro diœcesibus Occidentis.

[37] Hefele-Leclercq, IV, 23.

dissolvi ; »[38] plane indicans praxim tunc temporis dispensandi a lege ieiunii.

Tota Patrum doctrina de dispensatione fortasse compendio restringi potest illa S. Augustini sententia, ubi dicit « detrahendum est aliquid severitati, ut maioribus malis sanandis charitas sincera subveniat. »[39]

[38] Cap. 37 — *MPL,* CV, 204. Nota quod Chrodegangus et Theodulphus nunc citati non sunt Patres. Sed eorum testimonium hic affertur uti monumentum praxis Ecclesiæ Latinæ circa dispensationes episcopales.

[39] *Ep. CLXXXV,* cap. 10, n. 45 — *MPL,* XXXIII, 813.

CAPUT III

A GRATIANO AD CONCILIUM TRIDENTINUM

Ante Gratianum, Ivo Carnutensis (1040-1117) primus fuit qui longius immoratus est studio dispensationum, et tum ex auctoritate SS. Patrum et Romanorum Pontificum, tum ex rationibus intrinsecis, scilicet ex potestate clavium Ecclesiæ solvendi in terra, principia dispensationis explicavit et defendit.[1] Ivo tamen non videtur pressius applicasse principia a se introducta, quæ proinde theoretica manserunt nec fuerunt a discipulis continuata : ita evolutio instituti dispensationis aliquando retardata est.

ART. 1. — IN DECRETO GRATIANI.

Gratianus, in suo opere *Concordia Discordantium Canonum* (ca. 1140) fundamenta scientiæ systematicæ iuris iecit, proindeque ab ipso verum initium evolutionis dispensationis desumendum est. Ipse adhuc definitionem lato sensu de re retinet, videlicet « relaxationem rigoris disciplinæ ex misericordia. »[2] Attamen si studium Gratiani in eligendis textibus rem probantibus et ipsius dicta aliis in locis considerantur, apparet auctorem Decreti veram et iuridicam notionem dispensationis habuisse. Scripsit, v.g., « rigor canonum aliquando pro persona relaxatur ; »[3] quod apprime conceptui hodierno convenit.

Gratianus tamen longe lateque immoratur iuri Romanorum Pontificum relaxandi canonem, ita ut, prima specie, nullam potestatem

[1] Cfr. præsertim *Divi Ivonis Prologus in Decretum a se concinnatum* — *MPL*, CLXI, 47 ssq.

[2] *Dictum Grat.* post c. 5, C.I, q. 7 — (Hic et deinceps *Decretum Gratiani* citatur ex editione Æmilii Friedberg, Lipsiæ 1879). Alibi Gratianus dispensationem definit : « Præceptorum canonicorum mutilationem et relaxationem ex utilitate vel necessitate Ecclesiæ. » — *Dictum* post c. 23, C. I, q. 7 ; et « rigoris relaxationem alicuius constitutionis vel consuetudinis. » — *Dictum* post c. 1, D. XIV.

[3] *Dictum* ad c. 11, C. I, q. 7.

Episcopis relinquere videatur.[4] Ita vero non est. Auctor Decreti scribit Episcopos privilegia concedere posse ; [5] ipse autem distinctionem non facit inter dispensationem et privilegium, et quibusdam in casibus vocat *speciale ius,* idest privilegium, aliquid quod revera dispensatio dici debet.[6] Insuper, methodus scholastica ab Ivone Carnutensi in suo *Prologo* ad collectionem Tripartitam et ab Abelardo (1079-1142) in opere *Sic et Non* magni facta, ad distinctionem et interpretationem inducendam quoad leges et dicta contradictoria, nota erat Gratiano qui persæpe ea utitur. Veruntamen, ut scribit Brys, « variis in locis sui Decreti plures affert dispensationes ab episcopis concessas, nec ullo modo conatur conciliare hanc praxim cum iure exclusivo R. Pontificis. »[7]

Ergo dicendum est Gratianum agnovisse Episcopis aliquam potestatem dispensandi, rem vero pressius non investigasse. Exempli gratia, in c. 17, D.V. *de cons.,* Eusebium Papam refert : « Ieiunia in ecclesia a sacerdotibus constituta sine rationabili necessitate non solvantur. » Auctor Decreti nihil addit huic sententiæ, dum facile dicere poterat a quo et quomodo hæc ieiunia solvi poterant. Denique, momentum Gratiani hac in re forsitan melius apparet ex suo influxu in Decretistas. Isti enim, principia Magistri sequuti, institutum dispensationis prolixius tractavere sive explicando ea quæ Magister paucis

[4] Inter causas extrinsecas, quæ adduci possunt ad hunc Gratiani modum agendi explicandum, fortasse sequentes considerandæ sunt quæ hic per modum hypothesis proponuntur : a) Lucta pro investituris, a Gregorio VII (1073-1085) incœpta, adhuc in suis effectibus perdurabat sæc. XII. Nonnulli Episcopi factioni Imperatoris adhæserant, et in synodis Wormatiensi (2 ian. 1076) et Placentina (eiusdem anni) Papam deponere conati fuerant, quasi affirmando suam auctoritatem supra Primam Sedem. b) *Decretum Burchardi* (initio sæc. XI), in quo potestas Episcoporum extollitur, magna cum circumspectione citabatur tempore Reformationis Gregorianæ et postea. De facto, tempore Gratiani, momentum Episcopi Wormatiensis valde imminuerat. c) Tempora Gratiani principium supremæ auctoritatis Romanorum Pontificum evolvunt : proinde mirum non est si ipse auctor Decreti ad hanc auctoritatem firmandam præcipue adlaboratus sit.

[5] Ad. c. 47, C. XVI, q. 1.

[6] Cfr. c. 5, C. XXI, q. 1 : [Unus episcopus duabus præficitur ecclesiis], « sed iure speciali, non communi. » Notandum insuper quod in C. XXV, qq. 1-2, Gratianus sub iisdem canonibus et de privilegiis et de dispensationibus agit.

[7] *De dispensatione in iure canonico,* p. 85.

verbis dixerat, sive contra eundem suas aliorumque sententias proponendo.

ART. 2. — IN DECRETALIBUS.

Sæculis XIII et XIV scholæ iuris canonici in Decreto Gratiani adhuc inhærebant, veruntamen Decretales Summorum Pontificum, variis in compilationibus redactæ, momentum in diem capessebant. Ad institutum dispensationis quod pertinet, Decretales duplici ex capite maximi sunt momenti : a) Optime determinant iura, privilegia iurisdictionemque Episcoporum ;[8] b) fere omnes casus in quibus Episcopo dispensare licet explicite enumerant.

Principium generale de potestate dispensandi a Clemente V in Concilio Viennensi (1312) sic enunciatum fuit : « Lex superioris per inferiorem tolli non potest. »[9] Ius tamen Decretalium novit quatuor conditiones quæ, vel simul vel singillatim sumptæ, Episcopis potestatem faciebant dispensandi in iure communi, videlicet : 1) quando facultas expresse a iure conceditur ; 2) quando implicite conceditur ; 3) quando magna necessitas vel utilitas adest ; 4) quando consuetudo habetur.[10] Hæ quatuor ex ordine exponuntur ut sequitur.

1. *Expressa concessio.* Alexander III (1159-1181) concessit ut Episcopi dispensarent cum sacerdotibus qui matrimonium attentaverant et ideo irregulares effecti erant.[11] Ac Salernitano Episcopo scripsit quod clericus qui pugnaverat in duello deponendus erat, nisi Episcopus

[8] Cfr. c. 12, X, *de excessibus prælatorum et subditorum*, V, 31 : Episcopo spectat de causis matrimonialibus cognoscere, pœnitentias publicas imponere, indulgentias concedere, et similia ; cc. 8, 14, 16-19, etc., X, *de privilegiis et excessibus privilegiatorum*, V, 33 : qui et quæ iurisdictioni Episcopi subsunt ; c. 23, X, *de privilegiis et excessibus privilegiatorum*, V, 33 : de iuribus Patriarcharum ; c. 7, *de officio ordinarii*, I, 16, in VI° : ubi Episcopus pro tribunali sedere potest « et cetera, quæ ad ipsius spectant officium libere exercere ». (Decretales citantur ex editione Æmilii Friedberg, Lipsiæ 1881).

[9] C. 2, *de electione et electi potestate*, I, 3, in Clem.

[10] In tractatione historiæ dispensationis ex Decretalibus, ordo internus potius quam ordo chronologicus adhibitus est. Potestas nempe dispensandi consideratur secundum titulos ex quibus Episcopis licet, abstrahendo a tempore concessionis eiusdem potestatis.

[11] C. 4, X, *de clericis coniugatis*, III, 3.

duxisset cum ipso misericorditer dispensandum ;[12] itemque dispensari posse cum clerico suspenso ob adulterium vel alia minora crimina.[13] Lucius III (1181-1185) docuit quod cum simoniace ordinato, qui simoniacus non erat, dispensare posset Episcopus ut in officio vel beneficio maneret et ordines susceptos exerceret.[14] Innocentius III (1198-1216) Bononiensi Episcopo scripsit quod si quis ignoranter per saltum de subdiacono factus fuit presbyter, post pœnitentiam in diaconum ordinari posset et postea dispensari ut sacerdotalia munera exerceret.[15] Gregorius IX (1227-1241) statuit Episcopum dispensare posse cum eo qui invalide prælaturam obtinuerat, propter simoniam, si electus prius libere beneficium resignasset.[16] Bonifacius VIII (1294-1303) decrevit Episcopum dispensare posse cum habentibus parœciales ecclesias « quod usque ad septennium literarum studio insistentes promoveri minime teneantur, nisi ad ordinem subdiaconatus duntaxat. »[17] Idemque Pontifex permisit Episcopis ut dispensarent cum clericis super impedimento ætatis canonicæ ad beneficia non curata ;[18] et cum laicis super irregularitate ob defectum natalium, ad ordines minores recipiendos et ad beneficium non curatum obtinendum.[19]

2. *Implicita concessio.* Interdum Decretales sententia haud certa utuntur cum loquuntur de auctore dispensationis, aut quædam iubent Episcopum facere quæ præsupponunt dispensationem. Ex contextu, et præsertim ex interpretatione canonistarum tunc temporis, hisce in casibus dispensandi facultas dicitur Episcopis implicite concessa. Exempli gratia, Alexander III Herfordensi Episcopo scripsit ne clericum coniugatum ad ecclesiastica beneficia admitteret, nisi forte castitatem vovisset perpetuam, et unicam et virginem uxorem

[12] C. 1, X, *de clericis pugnantibus in duello,* V, 14.
[13] C. 4, X, *de iudiciis,* II, 1.
[14] C. 22, X, *de simonia et ne aliquid pro spiritualibus exigatur vel permittatur,* V, 3.
[15] C. 1, *de clerico per saltum promoto,* V, 29. Cfr. etiam cc. 1-3, X, *de eo qui furtive ordinem suscepit,* V, 30.
[16] C. 59, X, *de electione et electi potestate,* I, 6.
[17] C. 34, *de electione et electi potestate,* I, 6, in VI°.
[18] C. 1, *de ætate et qualitate et ordine præficiendorum,* I, 10, in VI°.
[19] C. 1, *de filiis presbyterorum ordinandis vel non,* I, 11, in VI°.

habuisset.[20] Hæc Pontificis instructio minime intelligitur nisi præsupponatur implicita dispensandi facultas eidem Episcopo facta. Alius casus citari potest ex Innocentio III, qui Decanum et Priorem Coloniensem monuit collationem beneficii excommunicatis factam invalidam esse et illicitam, « nisi forsitan cum eis fuerit misericorditer dispensatum. »[21]

Scriptores de re canonica docent quod ubicumque invenitur huiusmodi formula « nisi fuerit misericorditer dispensatum » vel « nisi intercesserit dispensatio ex misericordia, » et similia verba auctorem dispensationis non specificantia, hoc est indicium auctorem Decretalis noluisse dispensationem sibi reservare, sed facultatem relaxandi legem Episcopis implicite fecisse.

3. *Ex necessitate vel utilitate.* Honorius III (1216-1227) Vesprimensi Episcopo permisit ut capellas adnecteret beneficio canonicorum, propter paupertatem ecclesiæ cathedralis et necessitatem sustentationis canonicorum.[22] Hac in concessione inclusa erat facultas dispensandi a canone vetante pluralitatem beneficiorum. Atque Bonifacius VIII statuit quod « episcopus, senio aut valetudine corporali gravatus, vel etiam alias impeditus perpetuo, » posset per seipsum coadiutores assumere ad dictum officium exequendum, ne « ecclesiæ existentes præcipue in remotis dispendia patiantur. »[23]

4. *Ex consuetudine.* Consuetudo, si « fuerit rationabilis et legitime sit præscripta, »[24] aliquando explicite confirmata invenitur in Decretalibus Summorum Pontificum, præsertim cum agitur de iure consuetudinario quo Episcopi gaudent. Innocentius III Turonensi Episcopo scripsit « primates vel patriarchas nihil iuris præ ceteris habere, nisi quantum sacri canones concedunt, vel prisca illis consuetudo contulit ab antiquo. »[25] Et Belvacensi Episcopo dixit

[20] C. 2, X, *de clericis coniugatis*, III, 3.
[21] C. 7, X, *de clerico excommunicato, deposito vel interdicto ministrante*, V, 27.
[22] C. 33, X, *de præbendis et dignitatibus*, III, 5.
[23] C. un., *de clerico ægrotante vel debilitato*, III, 5, in VI°
[24] C. 11, X, *de consuetudine*, I, 4.
[25] C. 9, X, *de officio iudicis ordinarii*, I, 31.

clericos coram proprio episcopo conveniri debere, « nisi forte hi, quibus delinquentes ipsi deserviunt, ex indulgentia vel consuetudine speciali iurisdictionem huiusmodi valeant sibi vindicare.»[26] Decretales igitur agnoverunt iurisdictionem ex consuetudine ortam et potestatem Episcoporum dispensandi ex titulo legitimo iuris consuetudinarii.

Art. 3. — Doctrina canonistarum.

Rufinus (scripsit circa 1157-1159) primus tradidit definitionem dispensationis illis verbis : « Est ergo dispensatio, iusta causa faciente, ab eo cuius interest, canonici rigoris casualis facta derogatio. »[27] Hac in definitione omnia quæ ad notionem stricte iuridicam rei faciunt inveniuntur. Momentum huius Rufini doctrinæ desumendum præcipue est ex illis verbis « casualis derogatio. » Gratianus dixerat : « Rigor canonum aliquando pro persona relaxatur, »[28] et praxis iam invaluerat dispensandi in casu particulari. Rufinus et theoriam et praxim formula iuridica expressit.

Alii Decretistæ, saltem ante promulgationem Decretalium, minoris sunt momenti, vel quia quæstionem de potestate Episcoporum dispensandi omnino vitant (uti fecit Paucapalea, qui scripsit intra 1144 et 1150), vel confuse et contrariis modis tractant.[29] Notandum vero est quod exeunte sæc. XII et ineunte sæc. XIII apparuerunt sic dictæ *Quinque Compilationes antiquæ ;* anno deinde 1234, suam collectionem Decretalium Gregorius IX promulgavit, quam sequutæ sunt collectiones Bonifacii VIII (prodierunt anno 1298) et Clementinæ a Ioanne XXII anno 1317 promulgatæ : hac de causa, magistri qui Decretum Gratiani in scholis explicabant uno eodemque tempore commentarium in Decretales pontificias instituebant. Proinde omittitur distinctio inter doctrinam Decretistarum et Decretalistarum et omnes scriptores de re canonica hic sub nomine Canonistarum tractantur.

[26] C. 13, X, *de foro competenti,* II, 2.

[27] Glossa ad dictum Gratiani ad c. 6, C. I, q. 7 — *Die Summa Decretorum des Magister Rufinus* (ed. Singer, Paderborn, 1902), p. 234.

[28] *Dictum* ad c. 11, C. I, q. 7.

[29] Cfr. Brys, *De dispensatione in iure canonico,* pp. 97 ssq.

Canonistæ a sæc. XIII usque ad Concilium Tridentinum parum aut nihilo immorantur dubio « *utrum* Episcopi aliquando dispensare possint in iure communi. » Huiusmodi quæstio affirmative et auctoritative soluta fuerat ab ipsis Summis Pontificibus in suis Decretalibus.[30] Scriptores vero ad quæstiones magis particulares descendunt, scilicet « *quando* Episcopi dispensare possunt a lege universali. » Et hic magna controversia exorta est, quæ ita refertur ab Hostiensi († 1271) :

> « In quibus autem possunt dispensare Episcopi dissentiunt Doctores. Et dicunt quidam quod... potest episcopus dispensare in adulterio et minoribus criminibus ; in criminibus autem maioribus adulterio nequaquam possunt dispensare episcopi, nisi in casibus a iure expressis... Alii dicunt... possunt episcopi... dispensare, nisi ubi expresse eisdem a iure prohibetur. »[31]

Ita iurisperitæ Mediæ Aetatis duplici sub vexillo in aciem se posuerunt : quidam affirmabant Episcopos dispensare posse solummodo in casibus a iure expressis ; alii contendebant relaxationes episcopales licitas esse ubicumque non prohibebantur.[32]

Pro prima sententia (dispensatio licet quando a iure permittitur) militat Abbas Panormitanus (1386-1453), qui transcribit doctrinam Antonii de Butrio (1338-1408) et in epitomen cogit sententiam Henrici Boich (1310-1350)[33] aliorumque prædecessorum. Scribit enim Abbas Panormitanus :

> « Nota regulam quod inferior a Papa non dispensat nisi in casibus a iure expressis, vel nisi ubi dispensatio apparet a iure permissa, quod quidam intelligunt, ut exigatur, quod simpliciter sit permissa. Alii quod exigatur, quod specialiter

[30] *Supra*, pp. 41-44.

[31] *Summa Aurea* (Venetiis, 1570), rubr. *de dispensationibus*, § *quis possit dispensare*, p. 490.

[32] Cfr. Brys, *De dispensatione in iure canonico*, pp. 243-253 ; Van Hove, *De Dispensationibus*, nn. 349-352.

[33] *In quinque Decretalium libros Commentaria* (Venetiis, 1576), ad c. 4, *at si clerici*, X, *de iudiciis*, II, 1, nn. 15-26.

sit permissa... In quibus possunt episcopi dispensare, et in tangentibus generalem statum ecclesiæ, non possunt nisi in quantum eis specifice reperiatur permissum... [si] volunt dispensare super faciendo, antequam fiat, et non possunt, nisi appareat a iure concessum... Aut volunt dispensare super facto... in delictis ex toto pœnam tollendo... in gravioribus adulterio non dispensant nisi ubi appareat permissum ; in inferioribus dispensant, nisi appareat prohibitum... Aut volunt dispensare contra ius commune, vel constitutionem superioris, et si constitutio est concilii, non possunt nisi expresse appareat permissum. Aut non est concilii, et tunc quædam sunt iura in quibus dispensatio est prohibita, et non possunt, quædam in quibus simpliciter permissa... et possunt... quædam in quibus dispensatio non est permissa nec prohibita... et tunc non dispensant nisi appareat iure permissum. »[34]

Alteram sententiam (dispensatio licet quando non prohibetur) strenue propugnat, inter alios, Bernardus Parmensis († 1266). In Glossa ad Decretales Gregorii IX, quæ est glossa ordinaria in editione Romana, Bernardus citat opinionem contrariam quorundam auctorum, deinde dicit : « Alia est magis communis opinio, quod episcopus ubicunque potest dispensare, ubi non invenitur prohibitum. » Postea casus refert ubi « in multis gravioribus criminibus quam adulterio » permittitur episcopis dispensare et repetit : « Generaliter ubicumque non prohibetur dispensatio, intelligitur esse permissa. » Argumentum probativum etiam ex iure romano sumit, denique citat alios fautores sententiæ favorabilis : « In hac opinione fuit Huguccio, ut invenies 50. distinctio *si quis presbyter,* et Ioannes qui notavit de hac materia, 50 dist. *miror* et 1, q. 7, § *nisi,* et Laurentius, Vincentius et Tancredus hoc idem dicunt. » *Additio* eiusdem Glossæ ordinariæ ita refert Vincentium Hispanum a Bernardo Parmensi citato : « Vincentio

[34] *Commentaria in quinque Decretalium libros* (5 voll., Venetiis, 1588), ad c. 15, X, *de temporibus ordinationum et qualitate ordinandorum,* I, 11, nn. 3-8. Felinus Sandæus (1444-1503) omnino convenit cum Abbate Panormitano : cfr. *Commentaria in Quinque Libros Decretalium* (2 voll., Venetiis, 1570), pars I, col. 796, n. 4.

concedente dispensationem episcopis, ubicunque eis non invenitur prohibitum, et invenitur aliquem per eos fuisse dispensatum. »[35] Ipse Cardinalis Hostiensis huic opinioni adhærere videtur quando scribit : « Sed in maiori potest dispensare episcopus, quia non invenio prohibitum... quia quamvis Papa ibi dispenset, propter hoc non videt aliis adimere, quia si hoc voluisset prohibuisset. »[36]

Sic per mediam ætatem quæstio inter canonistas agitata est. Quidam vero auctores parum aut nihilo huic controversiæ immorantur, et quæstionem magis practicam tractare malunt, scilicet quinam sint casus concreti, ex Decreto et Decretalibus desumptis, in quibus explicite vel implicite dispensatio Episcopis conceditur.[37]

Doctrina de potestate Episcoporum dispensandi ita communiter acceptata invenitur immediate ante celebrationem Concilii Tridentini :

> « Contra canones vel concilium... non potest dispensare episcopus nisi hoc ei expresse a iure concedatur... In tribus tamen casibus potest episcopus dispensare contra canonem et concilium, licet ei expresse non concedant. Primo, ratione consuetudinis, ut quia consuetudo præscripta habet ut dispensare possit... facit valere dispensationem quæ alias non valeret. Secundo, ratione magnæ necessitatis, vel utilitatis de novo mergentis, et inexcogitatæ. Tertio, quum canon dicit dispensatione posse fieri, licet aliter expresse non indulgeat. » [38]

[35] Tota citatio ex Bernardo Parmensi, necnon citatio ex Vincentio Hispano, desumpta est ex *Glossa* ad c. 4, X, *de iudiciis,* II, 1, in *Decretales Gregorii IX, una cum glossis restitutæ* (Venetiis, 1584).

[36] *Summa Aurea,* rubr. *de dispensationibus,* § *quis possit dispensare.*

[37] Cfr. Durantis (Durandus), *Speculum Iuris* (2 voll., Venetiis, 1577), Lib. I, partic. 1, *De legatis,* rubr. *de dispensationibus,* §§ 5 ssq. Michiels scribit Ioannem de Deo in suo opere *De Dispensationibus* enumerasse 76 casus dispensationum episcopalium ex Decreto Gratiani et 212 ex Decretalibus. — *Normæ,* II, 709, nota 1.

[38] B. Angelus a Clavasio, *Summa Angelica* (2 voll., Venetiis, 1569), sub voce « Dispensatio. » — Supracitatum textum B. Angeli accepimus uti doctrinam communem referentem, quia notum est *Summam Angelicam* longe lateque diffusam fuisse sæculo XV, ita ut Lutherus eam una cum Corpore Iuris Canonici igni traderet. Cfr. Kurtscheid-Wilches, *Historia Iuris Canonici* (Romæ, Officium Libri Catholici, 1943), I, 273.

CAPUT IV

A SÆCULO XVI AD ANNUM 1918

ART. 1. — IN SYNODO TRIDENTINA.

Paulus III, bulla *Initio nostri,* 22 maii 1542, concilium generale Tridenti colligendum indixit.[1] Duo fuerunt fines huius concilii : primo, definire quæstiones dogmaticas, præsertim illas quæ Protestantes impugnaverant ; secundo, remedium afferre malis quibus Catholica Ecclesia laborabat, nempe de reformatione agere. Proinde permultis in sessionibus de hoc altero puncto decretum est, aut abusus damnando, aut antiquam disciplinam instaurando vel melius ordinando et temporibus aptando, aut denique novas leges condendo.

Ex lectione decretorum Concilii Tridentini apparet interdum facultates dari Episcopo « tamquam super hoc a Sede Apostolica delegato ; »[2] alias vero dicitur Episcopos ex iure posse decernere, iudicare de quibusdam præscriptis iuris communis, vel etiam ab illis dispensare, uti videbitur in sequentibus.

Ordinationes titulo patrimonii prohibitæ erant ; attamen Concilium decrevit Episcopum candidatos hoc tantum titulo pollentes ordinare posse, si opportunum iudicasset.[3] Deinde Patres denuo affirmaverunt antiquam disciplinam de interstitiis servandis atque explicite determinavere quonam spatio temporis ordinati in suo ordine exercere sese debebant antequam ad altiorem gradum promoverentur. Verumtamen et circa interstitia Episcopo dispensandi facultas concessa fuit.[4] In legislatione matrimoniali Synodi Tridentinæ sermo fuit de necessitate denunciationum seu bannorum ante nuptiarum celebrationem, « nisi ordinarius ipse expedire iudicaverit ut prædictæ denuncia-

[1] Pro historia Synodi Tridentinæ cfr. Hefele-Leclercq, *op. cit.*, Tom. IX, a P. Richard conscriptum.

[2] Sess. VI, *de ref.*, c. 3, et passim aliis in locis.

[3] Sess. XXI, *de ref.*, c. 2.

[4] Sess. XXIII, *de ref.*, cc. 11, 13, 14.

tiones remittantur. »[5] Insuper, si matrimonium bona fide contractum fuerat et postea aliquod impedimentum detectum fuerit, « tunc facilius... dispensari poterit. »[6]

Alii duo casus inveniuntur in concessione facultatis dispensandi ab irregularitatibus et suspensionibus ex delicto occulto provenientibus, « excepta ea quæ oritur ex homicidio voluntatio, et exceptis illis deductis ad forum contentiosum ; »[7] necnon dispensandi, si casus ferebat, candidatos pro beneficio paroeciali a forma periculorum a Concilio præscripta et ab assignatis examinatoribus synodalibus.[8] Denique Patres firmaverunt leges de clausura monialium ; Episcopus vero, legitima de causa, egressum et ingressum permittere poterat. Ordinario accrescebat etiam potestas dispensandi moniales a præscripta ætate canonica pro munere abbatissæ et priorissæ, si necessarium videbatur.[9]

Ex canonibus modo citatis apparet quod « Trydentina Synodus, cui christianæ disciplinæ ab ætate media acceptæ emendationem catholica debet Ecclesia, »[10] quæstionem de potestate Episcoporum a lege universali dispensandi practico modo tractavit, casus specificando vel innuendo in quibus Ordinarii tali facultate uti poterant.

Art. 2. — Facultates quinquennales.

Diversimode, uti hucusque visum est, Episcopi decursu sæculorum facultatem obtinuerunt dispensandi a canonibus iuris communis, nempe per concessionem ab ipso iure factam, aut vi iuris consuetudinarii, vel per delegationem a Superiore datam. Recentioribus sæculis, unus ex præcipuis modis quibus Apostolica Sedes Ordinariis potestatem communicat relaxandi leges generales invenitur in concessione Facultatum Quinquennalium, ut vocantur.

Iam die 2 ian. 1386 Urbanus VI (1378-1389) Cunoni Archiepiscopo Trevirensi potestatem fecit delegandi præsbyterum ad ecclesiam

[5] Sess. XXIV, *de ref. matrim.*, c. 1.
[6] Sess. XXIV, *de ref. matrim.*, c. 5.
[7] Sess. XXIV, *de ref.*, c. 6.
[8] Sess. XXIV, *de ref.*, c. 18.
[9] Sess. XXV, *de regularibus*, cc. 5 et 7.
[10] Card. P. Gasparri, *Præfatio in Codicem Iuris Canonici.*

et cœmeterium reconciliandum, et addidit : « Præsentibus post triennium minime valituris. »[11] Verumtamen hæc clausula tempus concessionis specificans non semper adhibebatur ;[12] aliquando vero maius minusve durationis tempus determinabat.[13] Sæculo XVI duo elementa maximi momenti stylo Curiæ introducta fuere. Primo, magis magisque usurpata fuit formula specificans tempus ad quod Facultates concedebantur : hoc modo via parabatur institutioni Facultatum quinquennalium et, eodem tempore, Episcopis suggerebatur ut, elapso annorum concessionis numero, ipsius renovationem peterent ita ut quasi indefinite hisce Facultatibus gaudere possent. Quod revera factum est.[14] Secundo, clariori modo quam antea Episcopi ex stylo Curiæ colligere poterant facultates eis factas esse ad universitatem casuum eiusdem generis ac in Brevibus specificatorum. Dum, e contra, litteræ decretales Summorum Pontificum, antecedentibus sæculis datæ, unam alteramve dispensationem permittere solebant et persæpe tantum pro casibus in petitione Episcopi specificatis, vel haud clare de extensione facultatis concessæ agebant.

Evolutio maximi momenti hac in re anno 1637 habetur.[15] Urbanus VIII (1623-1644), cum « formulas facultatum quæ a Sede

[11] Cfr. Mergentheim, *Die Quinquennalfakultæten pro foro externo* (2 voll., Stuttgart, 1908), II, Appendix I. (In posterum citabitur Mergentheim).

[12] Cfr. Mergentheim, II, Appendices III (1 iul. 1533), IV-V (9 nov. 1540), XIII (1 aug. 1545), XIV (3 mart. 1546), XVII (12 aug. 1572), etc.

[13] Cfr. Mergentheim, II, Appendices XXII (1 aug. 1573, *ad biennium*), XXVIII (21 aug. 1578, *ad triennium*), XXX*II* (23 dec. 1619, *ad sexennium vel septennium*), *XXXIII* (19 aug. 1620, *ad sexennium*), etc.

[14] V. g., in calce Brevis Paulii III ad Ioannem Episcopum Misnensem, 9 nov. 1540, varias facultates continentis inter quas : dispensandi a votis, castitatis et religionis exceptis, ab irregularitatibus, exceptis ex homicidio voluntario et bigamia provenientibus, etc., legitur : « Reverendissimus dominus cardinalis Contarenus dicit impetrasse a SS.mo Domino nostro renovationem brevium huic episcopo a felicis recordationis Clemente papa VII concessorum. Hoc est autem conforme simili concessum per ipsum Clementem. » — Mergentheim, II, Appendix XI. — Similis renovationis casus invenire potes etiam in Appendice IV *op. cit.*

[15] Ante annum 1637 non dabantur nisi facultates ordinariæ et ad breve vel longius tempus. Legitur in *Relazione del Nunzio di Colonia Bussi alla Segreteria di Stato, l'anno* 1713 . « ...dal breve di cui fu munito monsignore Coriolano Garzadoris, vescovo di Aussera, allorchè dalla santa memoria di Clemente VIII fu nell'anno 1593 destinato nunzio in Colonia e parte dai più antichi registri della nunziatura, dai quali apparisce altresi che non solevansi allora accordare ai vescovi quelle facoltà straordinarie, che al presente vengono

apostolica concedebantur, non sufficere, ac inspectis pro populorum diversitate necessitatibus, mancas et diminutas existere » cognovisset, præsertim ob Episcoporum et missionariorum quærelas,

> « peculiarem ex Cardinalibus S. Officii et eiusdem S.C. de Prop. Fide, additis illius Assessore et huius Secretario, Congregationem instituit, in quæ cum per tres fere annos Formulæ Facultatum veteres, quæ a Romanis Pontificibus per litteras Apostolicas olim concessæ fuerunt, et a S. Officio tam ante præfatæ S. C. de Prop. Fide institutionem, quam post expediebantur, accuratissime, ut gravissimum communicandæ inferioribus supremæ potestatis Pontificiæ negotium postulabat, examinatæ fuissent, tandem reiectis veteribus Formulis... Patribus prædictis visum fuit alia via in præfatarum Formularum compositione esse incedendum. In primis itaque illis placuit, ut regulæ quædam generales constituerentur, quibus inspecta regionum diversitate ac qualitate, illarum a Sede Apostolica distantia et prohibitio vel permissio in eis catholicæ religionis exercitio, ac ipsarum facultatum specie et denique personarum dignitate ac officio, illarum scientia ac morum præstantia esset in concessione facultatum utendum. Deinde eisdem Patribus visum fuit formulas componere, quæ cum regulis præfatis ad singulas orbis terrarum provincias modico labore accomodari possent. »[16]

conferite ogni cinque anni. » — Mergentheim, II, Appendix XLVI. — Et in litteris circularibus Nuntii Pontificii Bartholomæi Pacca, 30 nov. 1786, invenitur ; « Ubi primum quorundam episcoporum et archiepiscoporum necessitatibus et precibus occurrere volens apostolica sedes prædictam formulam concessionis [Formula III facultatum quinquennalium] invexit (antea enim perraro et plerumque in hæreticorum ad unitatem ecclesiæ redeuntium gratiam dispensandi facultas uni aut alteri ordinario concedebatur), indulta apostolica indesinenter enixis precibus de quinquennio in quinquennium a reverendissimis archiepiscopis expostulata et benigne concessa, licet aliquando aliqua interiecta mora. » — Mergentheim, II, Appendix LII.

[16] Præfatio R.D. Francisci Ingoli, S.C. de Prop. Fide Secretarii, in formulas Facultatum. — *Collectanea S.C. de P.F.* (vol. un., Romæ : Typis Polyglottis Vaticanis, 1893), n. 142. — Cfr. etiam Præfationem Emi D. Cardinalis De Cremona in formulas Facultatum, in *op. cit.*, n. 141. (In posterum quando citabitur *Collectanea* adiicitur etiam annus quo in lucem prodierunt volumina, ad vitandam confusionem inter editionem anni 1893 et illam anni 1907).

Itaque die 10 febr. 1637 Facultates Quinquennales institutæ fuerunt, quæ vere appellari possunt maximum fundamentum potestatis Ordinariorum dispensandi in iure communi.[17] Sæculis XVIII et XIX plurimæ datæ sunt responsiones a Congregationibus Romanis circa interpretationem et extensionem Facultatum Quinquennalium, quæ rem optime illustrant.[18] Denique ipsa S. Pœnitentiaria propriam Pagellam Facultatum pro foro interno edidit.[19] Ita et pro foro externo et pro foro interno provisum fuit pro casibus urgentioribus dispensationis, necnon pro aliis multis quamvis non urgentioribus.

ART. 3. — DOCTRINA DISPENSATIONIS APUD AUCTORES.

Fundamenta doctrinæ de potestate inferioris dispensandi in lege Superioris quasi statice determinata inveniuntur in operibus Canonistarum, qui ante sæc. XVI scripserunt, et præsertim in ipso iure Decretalium et in legislatione Synodi Tridentinæ. Quædam vero principia circa hoc institutum nondum plane definita erant. Definitio a Glossa tradita[20] a permultis adhuc retinebatur ;[21] quidam vero meliorem definitionem tradere conati sunt.

Fortasse auctor maioris momenti, inter eos qui de re tractaverunt immediate post Concilium Tridentinum, est Franciscus Suarez (1548-

[17] Quoad interpretationem et præsertim quoad formulas Facultatum, cfr. opus J. Putzer, *Commentarium in Facultates Apostolicas* (4ª ed., Neo Eboraci, 1897).

[18] Cfr. *Collectanea* (1893), sub nn. 143, 145-147, 149, 156, etc.

[19] Cfr. Kubelbeck, *The Sacred Penitentiaria and Its Relations to Faculties of Ordinaries and Priests,* The Catholic University of America Canon Law Studies, n. 5 (Washington, D.C. : The Catholic University of America, 1918), *passim* et præsertim pp. 14-42. Cfr. etiam *The American Ecclesiastical Review,* XXXII (1905), 173.

[20] *Supra,* p. 11.

[21] Cfr. Emmanuel Rodericus, *Quæstiones Regulares et Canonicæ* (2 voll., Antuerpiæ, 1628), Tit. II, q. 47, art. 1 : « Et secundum Divum Thomam, Sotum et Navarrum, dispensatio est iuris communis relaxatio, cum cognitione causæ, ab eo, qui habet potestatem ad dispensandum » ; Sanchez, *De Sancto Matrimonii Sacramento* (Antuerpiæ, 1607), L. VIII, disp. 1, n. 2 (deinceps citabitur *De Matrimonio*) ; Reiffenstuel, *Ius Canonicum Universum* (5 voll. in 7, Parisiis, 1864-1870), I, Tit. II, § 18, n. 449 ; Ferraris, *Prompta Bibliotheca canonica, iuridica, moralis, theologica, necnon ascetica, polemica, rubricistica, historica* (9 voll., Romæ, 1885-1899), sub voce « Dispensatio » (deinceps citabitur *Bibliotheca*).

1617). In suo opere, *Tractatus de Legibus ac Deo Legislatore,* de dispensatione longe lateque disseruit, principia solida validissimisque rationibus fulta de re proposuit. Suarez notionem dispensationis et differentiam inter notiones vicinas clare explicat (Lib. VI, cap. X) ; deinde tractat de effectibus (cap. XI), de obiecto et subiecto passivo (cap. XII), de forma eiusdem instituti iuridici (cap. XIII), necnon de multis aliis quæstionibus connexis (usque ad cap. XXV). Clarissimus Auctor definitionem, quæ in Glossa invenitur, examinat et dicit omittendam esse particulam illam « cum causæ cognitione », quia dari potest valida dispensatio sine causæ cognitione. Etiam verba « iuris communis » mutanda sunt — iuxta Suarez — quia relaxatio legis particularis est vera dispensatio. Superfluum denique est auctorem dispensationis in definitione nominare, quia de facto nihil relaxatur ab illo qui potestatem non habet. His consideratis, Suarez suam tradit definitionem, nempe « Dispensatio est legis humanæ relaxatio. »[22]

Auctores istius temporis magnum momentum practicum habent, quia ipsi omnes casus dispensationis ex Decretalibus et Concilio Tridentino colligunt et ex illis quasdam normas generales efformant ; aut casus singillatim enumerant, ita ut Episcopi quasi catalogum suarum facultatum hac in re habeant. [23] Etiam scriptores de re morali solutiones practicas contulerunt.[24] In subsequentibus numeris referuntur quædam ex præcipuis collationibus, quæ scriptoribus istius temporis adscribendæ sunt.

1. « An Episcopi dispensare possint ubicumque illis non prohibetur, vel tantum ubi eis permittitur ? »

Doctrina, quæ ante Concilium Tridentinum tenebat Episcopos dispensare posse ubicumque non prohibebantur, sæc. XVI apud

[22] *De Legibus*, Lib. VI, cap. X, nn. 7-8.— Quæ definitio apprime convenit illæ quam Codex Iuris Canonici tradit (can. 80), si excipias verba « in casu speciali. »

[23] Ita fere omnes auctores, qui generatim tractare incipiunt de quæstione quonam ex capite Episcopis dispensare liceat, deinde ad enumerationem casum transeunt. — Cfr. Reiffenstuel, *op. cit.*, I, Tit. II, § 18, nn. 446-471 ; Ferraris, *Bibliotheca s.v.* « Dispensatio », nn. 25-29 ; Craisson, *Elementa Iuris Canonici* (2ª ed., Pictavii, 1868), Lib. I, cap. 3, § 8, n. 416.

[24] Cfr. præ omnibus S. Alphonsum, *Theologia Moralis* (ed. L. Gaudé, 4 voll., Romæ, 1905-1912), Lib. I, nn. 190 ssq.

multos auctores perdurare videtur.[25] Suarez vero contrarium docebat, argumentando quod statim ac Superior aliquid ordinat vel prohibet illud a potestate inferioris subtrahit. Necesse proinde non est ut ipsi inferiori facultatem relaxandi legem explicite adimat.[26] Quæ sententia, utpote solido fundamento iuridico innixa, paulatim ab aliis amplexata est, et auctoritate præsertim Benedicti XIV (1740-1758)[27] et S. Alphonsi (1696-1787)[28] communissima effecta est inter auctores ante Codicem.[29]

2. « An Episcopi dispensare valeant a legibus generalibus in casibus minoris momenti et frequentioribus ? »

Dominicus De Soto (1492-1560) docuerat fas esse Episcopo dispensare in rebus quæ communiter eveniunt, sed addidit : « Hoc autem sic temperarem, quod possit episcopus in diem aut in breve tempus cum assistente causa, super huiusmodi legibus dispensare, tamen pro tota vita nescio. »[30] Auctores posteriores hanc retinuere doctrinam, omissa dubitatione Soti in ultima paragrapho modo citata, et simpliciter affirmaverunt Episcopos dispensare posse in rebus fere quotidianis.[31]

[25] « Communis opinio habet quod in omnibus non prohibitis possit dispensare. » — Rodericus, *op. cit.*, Tr. III, tit. IV. cap. 10, n. 33.

[26] *De Legibus*, Lib. VI, cap. XIV, nn. 4-6.

[27] *De Synodo Diœcesana* (*Opera Omnia*, editio novissima in Tomos XVII distributa, Prati, 1839-1847 ; Tom. XI, *De Synodo Diœcesana*, Prati 1844), Lib. IX, cap. I, n. 6, ubi etiam Fagnanus citatur contrariam doctrinam falsam et periculosam demonstrans.

[28] *Theologia Moralis*, Lib. I, n. 191. — S. Alphonsus contrariam sententiam olim probabilem censuerat ; deinde, ut ipse scribit, « re melius perpensa, omnino tenendam puto secundam oppositam, quam tenet Suarez, Bonacina, Palaus, Salmanticenses cum Pontio et Salas ; idemque Benedictus XIV. » — *Loco cit.*

[29] Cfr. Reiffenstuel, *op. cit.*, I, tit. II, § 18, n. 467 ; Bouix, *Tractatus de Episcopo* (Parisiis, 1873), Pars V, C. VIII, §§ 1-2 ; Craisson, *op. cit.*, Lib. I, cap. 3, § 8, n. 416 ; De Branbandere, *Juris Canonici et Juris canonico-civilis Compendium* (4ª ed. cura H. van den Berghe, Brugis, 1882), I, 250 ; Deshayes, *Memento Iuris Ecclesiastici* (Parisiis, 1895), Tr. IX, n. 646 ; Gignac, *Compendium Iuris Canonici* (Quebeci, 1901-1903), Tit. VIII, n. 379.

[30] *De Iustitia et Iure* (Venetiis, 1568), Lib. I, q. 7, art. 3.

[31] Suarez, *De Legibus*, Lib. VI, cap. XIV, n. 9 ; Castro-Palaus, *Opus Morale* (Lugduni, 1721), Tr. III, disp. 6, punct. 5, n. 5 ; Salmanticenses, *Cursus Theologiæ Moralis* (Venetiis 1714-1728), Tr. XI, cap. V, n. 38 ; Bonacina, *Opera* (3 voll., Venetiis, 1687), disp. I, *de legibus*, q. 2, punct. 1, n. 17 ; Reiffenstuel, *op. cit.*, I, tit. II, § 18, n. 473 ; S. Alphonsus, qui etiam

3. « An Episcopi relaxare possint leges pro sua particulari dioecesi a Romano Pontifice latas ? »

Suarez docuit quod non, quia leges Superioris sunt : « Sicut enim Pontifex habuit sufficientem notitiam illius particularis communitatis ad ponendam legem, ita habere potest ad dispensandum in illa. Quapropter, nisi concurrat etiam frequentia et consuetudo, non existimo hoc esse dimittendum. »[32] Attamen sæculis XVII et XVIII sententia favorabilis prævaluit, duce S. Alphonso, quia docebatur hisce in casibus delegationem Summi Pontificis legitime præsumi posse.[33]

4. « An Episcopi dispensare valeant a legibus Concilii Provincialis ? »

Ante sæc. XVIII sententia negativa theoretice prævalebat, quia leges Concilii Provincialis tamquam leges superioris respectu singulorum Episcoporum considerabantur.[34] At consuetudo, de qua loquitur Suarez, introducta erat ; et recursus de quo Sanchez, plerumque difficilis evadebat. Ita practica solutio quæstionis momentum in dies cœpit, et sæc. XVII et deinceps omnes Episcopi hisce in casibus dispensabant. Proinde auctores docere cœperunt huiusmodi facultatem relaxandi Ordinariis tribuendam esse pro bono fidelium.[35]

dat exempla rerum quæ communiter eveniunt, v.g., « in ieiuniis, esu ciborum, observantia festorum, recitatione officii, votis non reservatis. » — *Theologia Moralis*, Lib. I, n. 190 ; Craisson, *op. cit.*, Lib. I, cap. 3, § 8, n. 416 ; Bouix, *Tractatus De Episcopo*, pars V, cap. VIII, § 2, regula IV ; Ojetti, *Synopsis rerum moralium et iuris pontificii* (3ª ed., 3 voll. et Index, Romæ, 1909-1914), sub voce « Dispensatio » (deinceps citabitur *Synopsis*).

[32] *De Legibus*, Lib. VI, cap. XIV, n. 10.

[33] S. Alphonsus, *Theologia Moralis*, Lib. I, n. 190, ubi refertur idem teneri a Salmanticensibus, Soto, Valentia, Caietano, Azor et Busenbaum. Et post S. Alphonsum sententia favoribilis communiter recepta invenitur. Cfr. De Brabandere, *op. cit.*, I, 250 ; Deshayes, *op. cit.*, tr. IX, n. 651 ; Ojetti, *Synopsis*, *loc. cit.* ; etc.

[34] « Respectu singulorum episcoporum, certum est illas leges censeri leges a superiore latas ; et ita solum posse in illis dispensare, quatenus illis concessum est expresse vel tacite aut consuetudine. » — Suarez, *De Legibus*, Lib. VI, cap. XV, n. 4. — Et Sanchez (1550-1610) scripsit : « Nec posse episcopus in illis dispensare, nisi sicut in lege pontificia, in uno vel altero casu, ratione necessitatis, quod non sit recursus ad pontificem, nec tunc sit coacta synodus provincialis, ut ad illam confugiatur. » — *De Matrimonio*, Lib. VIII, disp. 17, n. 37. Cfr. etiam Castro-Palaus, *op. cit.*, Tr. III, disp. 6, punct. 4, n. 10.

[35] S. Alphonsus, *Theologia Moralis*, Lib. I, n. 190 ; Gignac, *op. cit.*, Tit. VIII, n. 383 ; Ojetti, *Synopsis*, loc. cit. — Ratio huius doctrinæ favorabilis

Auctoribus post-Tridentinis debetur etiam clara doctrina de facultate dispensandi ad cautelam in dubio iuris vel facti.[36] Illis adscribendæ sunt formæ loquendi quibus Codex Iuris Canonici utitur in can. 81, nempe « potestas explicite vel implicite concessa, difficilis recursus ad S. Sedem, periculum gravis damni in mora, » necnon ipsa definitio dispensationis quæ in eodem Codice, can. 80, invenitur.

ART. 4. — DE ORDINARIO RELIGIOSORUM QUOAD DISPENSATIONEM.

Primis Ecclesiæ temporibus viri ac mulieres, qui evangelica consilia sectare voverant, nullam vitæ communis formam sequebantur, saltem ante sæc. III. Proinde nullus Ordinarius « religiosus » tunc temporis inveniebatur. S. Pachomius (292-346) vitam cœnobiticam invexit, discipulos ad vitam sub eodem tecto ducendam induxit, monasteria clausuramque erexit, aliquam vitam communem præscripsit, superiorem unicuique cœnobio assignavit atque primam regulam monasticam scripsit.[37] Sæculis IV et V vita monastica variis sub formis per Orientem (S. Hilarius, S. Sabbas, S. Basilius, S. Gregorius Nazianzenus, etc.) et per Occidentem (S. Athanasius, S. Hieronymus, S. Augustinus, S. Martinus Turonensis, S. Patricius, etc.) propagata est.[38] At per prima sex sæcula, quamvis singulis monasteriis præessent abbates, ipsi tamen una cum monachis, necnon cœnobiis et ecclesiis, Episcopi iurisdictioni subiacebant.[39]

Inter sæc. VI et VIII vita benedictina per Italiam constituta est. Insuper monachi celtici, duce S. Columbano (545-615), monasteria

a permultis auctoribus desumitur ex hoc quod Episcopi, in Concilio provinciali congregati, non Concilio sed unicuique ipsorum singulatim sumpto dispensandi potestatem reservant, nisi expresse contrarium statuant. Bouix (1808-1870) vero, in suo opere *De Episcopo,* pars V, cap. VIII, § 5, q. 2, et Annotator Ferraris, *Bibliotheca,* s. v. « Dispensatio », n. 98, adhuc pro sententia negativa militant sæculo XIX.

[36] Barbosa, *De officio et potestate Episcopi* (3 voll., Lugduni, 1656), pars II, alloc. 35, n. 18 ; Reiffenstuel, *op. cit.,* I, tit. II, § 18, n. 474 ; S. Alphonsus, *op. cit.,* Lib. I, n. 192 ; Bouix, *De Episcopo,* pars. V, cap. VIII, § 2, regula V.

[37] Cfr. Ladeuze, *Etude sur le cénobitisme pakhômien* (Louvain, 1898), *passim.*

[38] Cfr. Besse, *Les moines d'Orient antérieurs au Concile de Chalcédoine* (Paris, 1900) ; Cassianus, *De Institutis cœnobiorum* et *Collationes Patrum — MPL,* XLIX ; Ryan, *Irish Monasticism* (Dublin, 1931).

[39] Cfr. cc. 6-7, C. XVI, q. 2 ; c. 10, C. XVI, q. 7.

per Europam condiderunt et magnam independentiam ab Ordinario loci induxerunt. Etenim, prout mos erat in Hibernia, Episcopi nulla vel fere nulla auctoritate in monachos gaudebant, quia Abbates in suo territorio superiores erant et monachos ad episcopalem dignitatem evectos suis in monasteriis habebant.[40] Videtur Gregorium Magnum primum fuisse qui Episcoporum potestatem in monasteria cœrcuit, in Concilio Romæ die 5 aprilis 601 celebrato.[41] Primum monasterium a iurisdictione Ordinarii loci subtractum videtur fuisse illud Bobbii, anno 628. Deinde alia monasteria exempta et Romano Pontifici immediate subiecta fuerunt, uti Beneventanum (715), Cassinense (748), Fuldense (715), etc.[42] « Per sæc. IX, ad multa monasteria extenduntur vel in multis confirmantur libertas electionis abbatis et libera administratio temporalis monasterii. Hinc limitatur vel fere tollitur ius visitationis Ordinarii. »[43] Verumtamen exemptio adhuc concedebatur solummodo quibusdam monasteriis magni nominis. A sæc. XI vero huiusmodi privilegium ad totum Ordinem vel Congregationem monasticam extendebatur.

Sæculo XII iam tractabatur de « iure » religiosorum et de quæstionibus connexis, v.g., in Decreto Gratiani et Compilationibus antiquis. Sæc. XIII Concilium Lateranense IV (1215) conatum est institutionem novarum religionum impedire.[44] Attamen hoc eodem tempore, non obstante can. 13 Concilii modo citati, Ordines mendicantes Fratrum Prædicatorum et Fratrum Minorum instituti et, anno 1216 et 1223 respective, a S. Sede approbati sunt.[45] Nova vitæ forma ab his Ordinibus inducta magnum influxum in ius canonicum de Religiosis habuit ; et Decretales de iure privilegiisque Regularium

[40] Cfr. Ryan, *Irish Monasticism*, Ch. V, *Monasteries and Jurisdiction.*

[41] Hefele-Leclercq, III, pars I, pp. 238-239.

[42] Cfr. Scheuermann, *Die Exemtion nach geltendem Kirchlichen Recht* (Paderborn, 1938).

[43] Creusen, « De iuridica status religiosi evolutione brevis synopsis historica, » *Periodica*, XXX (1942), 216.

[44] Can. 13 — Hefele-Leclercq, V, pars II, p. 1344.

[45] Cfr. *Bullarium Diplomatum et Privilegiorum Sanctorum Pontificum, Taurinensis editio* (24 voll. et Appendix, Augustæ Taurinorum, 1857-1872), III, 309 ; Waddingus, *Annales Minorum seu Trium Ordinum a S. Francisco institutorum* (25 Tomi, ad Claras Aquas, 1931-1934), II, 79.

tractare cœperunt.[46] Gregorius IX, die 21 aug. 1231, bulla *Nimis iniqua* exemptionis privilegium Fratribus Minoribus concessit.[47] Ita institutum exemptionis, cui referuntur potestas iurisdictionis Ordinarii religiosi et omnes potestates iurisdictioni connexae, statutum firmatumque inveniebatur sæculo XIII.

Sæculis supervenientibus privilegium exemptionis (sicut et alia privilegia) modo coarctatum est, modo ampliatum. Scriptores de re canonica huic privilegio studuerunt atque de ipsius interpretatione, extensione, de auctoritate Ordinarii religiosi dispensandi suos subditos, de relatione inter Ordinarium loci et Ordinarium religiosorum, aliisque quætionibus tractaverunt.[48]

ART. 5. — DE CAUSA DISPENSATIONIS.

« Dispensatio est provida iuris communis relaxatio, utilitate vel necessitate pensata... Ego dixi provida. Nam provida deliberatione est in dispensationibus procedendum... Alioquin potius dissipatio, quam dispensatio est dicenda. Ad quod accedit, quia dominus non vult simul effundi opes, sed dispensari (idest distribui)... Defectus nostri temporis, quibus non solum merita, sed etiam corpora defecerunt, antiquam canonum non patitur manere censuram... (Dispensatio) debita est, ubi multorum strages iacet, et de scandalo timetur... Item debita est ratione temporis, vel personæ, vel pietatis, vel necessitatis, vel utilitatis ecclesiæ, vel eventus rei. »[49] Ita Speculator necessitatem causæ ad dispensationem concedendam descripsit et quædam exempla causarum adduxit.

[46] Cfr. Decretales Gregori IX sub Titulis 31, 32, 34-37 et 50 Libri III, necnon sub Titulis 9, 31, 33, Libri V ; Librum VI Decretalium Bonifacii VIII sub Titulis 14, 16-18, 23 et 24 Libri III, atque sub Titulis 6 et 7 Libri V ; Extravagantes Communes sub Titulis 8 ac 9 Libri III.

[47] *Bullarium Franciscanum* (Prima Series, Voll. I-III ed. Sbaralea, Romæ, 1759-1764 ; Vol. IV ed. A. Rossi, Romæ, 1768 ; Voll. V-VII ed. C. Eubel, Romæ, 1897, 1902, 1904), I, 74.

[48] Cfr. Bouix, *De iure regularium* (Parisiis, 1867) ; Sebastianelli, *Prælectiones Iuris Canonici* (3 voll., Romæ 1905-1906), I, *De Personis*, pars II, cap. II, *de regularium exemptione*. — Optimam bibliographiam de tota hac quæstione invenies in Melo, *De Exemptione Regularium*, The Catholic University of America Canon Law Studies, n. 12 (Washington, D.C. : The Catholic University of America, 1921).

[49] Durantis, *Speculum Iuris*, Lib. I, part. 1, *de dispensationibus*, §§ 1-2.

Principium de non relaxanda lege Ecclesiæ pro lubitu, sed tantum ex causa proportionata gravitati legis a qua dispensatur, semper viguit in iure canonico. Notandum vero est disciplinam canonicam hac in re non semper eandem fuisse, hoc scilicet sensu quod antiquitus severissima erat, paulatim autem mitigata fuit. Re quidem vera, ante sæc. X dispensatio ordinarie ex sola causa utilitatis vel necessitatis publicæ concedebatur.[50] Romani Pontifices atque Patres tunc temporis persæpe insistebant sacros canones puros inviolatosque servandos esse ; sed eodem tempore causas, quæ relaxationem legis excusabant, directe vel indirecte memorabant.[51] J. Brys doctrinam novem priorum sæculorum de causa dispensationis sic in epitomen cogit : « Ex textibus, alii episcopos reprehendunt ob concessas dispensationes, quin adesset causa utilitatis communis ; alii recusant relaxationem ob bonum privatum ; alii declarant superiorem illicite agere, si ius mitigat extra casum necessitatis communis ; alii quam plurimi positive exigunt causam necessitatis vel utilitatis publicæ vel communis Ecclesiæ... Ex exemplis dispensationum pro personis determinatis etiam apparet tunc tantum legem relaxatam, vel concilii prohibitionem resolutam fuisse in gratiam unius personæ, ubi aderat compensatio publicæ utilitatis, i. e. unitatis vel pacis vel prosperitatis Ecclesiæ. »[52]

Secunda periodus doctrinæ de causis dispensationum in idem tempus incidit quo institutum dispensationis magis particulariter tractatum est, nempe circa sæc. XI. Principium docens legem non esse relaxandam pro lubitu idem manet, at causæ quæ relaxationem permittunt multiplicari cœperunt et mitiores fiunt. Bernaldus Constantiensis († ca. 1100) loquitur de « causa rationabili, »[53] et Ivo Carnutensis scribit : « In his vero quæ propter rigorem disciplinæ, vel muniendam salutem, posteriorum sanxit diligentia, si honesta vel utilis sequatur compensatio, potest præcedere auctoritate præsidentium

[50] Cfr. Brys, *De dispensatione in iure canonico,* p. 29 ; Van Hove, *De Dispensationibus,* n. 450.

[51] *Supra,* pp. 41-44.

[52] *De dispensatione in iure canonico,* p. 29, n. 2.

[53] *Liber de excommunicatis vitandis* — *Monumenta Germaniæ Historica* (*MGH*) (188 voll., Hannoveræ, 1826), — *Libelli de lite Imperatorum et Pontificum sæculis XI et XII conscripti* (Tomi III, editi a Pertz, Hannoveræ 1891-1897), II, 141.

diligenter deliberata dispensatio ;» et «quando aliqua probabili ratione a summo rigore declinabit, charitas excusabit.»[54] Ita introducitur conceptus magis genericus causæ proportionatæ legi a qua dispensatur («si honesta vel utilis sequatur compensatio»), abstractione facta a consideratione utrum relaxatio fiat pro bono publico vel non. Gratianus parum addit.[55] Decretistæ et Decretalistæ vero quæstionem magis dilucidant. Sententia quæ militabat pro sufficientia causæ boni privati communiter acceptata invenitur.[56] Decretalistis insuper notio dispensationis illicitæ et invalidæ ob carentiam causæ debetur : unanimiter enim docent relaxationem ab inferiore factam in lege superioris sine iusta causa irritam esse.[57] «Cognitio causæ» a quibusdam requirebatur ad validitatem dispensationis, ita ut huiusmodi clausula addita sit ipsi definitioni quam Glossa ordinaria tradit.[58] Nec minoris momenti est conceptus causæ finalis et impulsivæ, quam canonistæ tunc temporis introducunt.[59]

Concilium Tridentinum necessitatem causæ confirmat : «Quod si urgens iustaque ratio et maior quandoque utilitas postulaverit cum aliquibus dispensandum esse, id causa cognita ac summa maturitate atque gratis a quibuscumque, ad quos dispensatio pertinebit, erit præstandum ; aliterque facta dispensatio surreptitia censeatur.» Auctores post-Tridentini pressius investigant naturam causæ dispensationis ; insuper notiones de causa extrinseca et intrinseca, de valore causæ dubie sufficientis, de vera aut falsa causa eiusque relatione ad validitatem dispensationis, necnon de aliis attributis causarum

[54] *Prologus in Decretum a se concinnatum* — *MPL*, CLXI, 51 et 58 respective. — Algerus Leodiensis cum Ivone concordat. Cfr. *MPL*, CLXXXII, 863.

[55] Cfr. *Dictum* ad c. 5, C. I, q. 7, ubi repetitur Algerus Leodiensis.

[56] Cfr. Brys, *De dispensatione in iure canonico*, pp. 116-121, 187-195. — Ioannes Faventinus († 1190) et Huguccio († 1210) adhuc pro sententia strictiori militabant. Cfr. Brys, *op. cit.*, p. 119.

[57] Cfr. Hostiensis, *In quinque Decretalium libros Commentaria* (5 voll., Venetiis, 1581), c. 54, X, *de electione et electi potestate*, I, 6 ; Raymundus de Penafort, *Summa* (3 voll., Veronæ, 1744), Lib. II, Tit. 29, § 2.

[58] *Supra*, p. 11. — Cfr. tamen sententiam Suarez hac de re. — *Supra*, p. 53.

[59] Cfr. c. 24, X, *de electione et electi potestate*, I, 6 ; Ioannes Andreæ *Glossa* ad *decet concessum* in Reg. 16, R.J., in VI° ; Hostiensis, *Lectura* (Argentinæ, 1512), c. 6, X, *de concessione præbendæ et ecclesiæ non vacantis*, III, 8.

[60] Sess. XXV, c. 18, *de ref.*

tradunt.[61] Elucubrationibus iuridicis de necessitate et natura causæ expositis, auctores post-Tridentini generatim ulterius ad quæstiones practicas procedunt, nempe relate ad causas quæ desiderantur in dispensationibus matrimonialibus, in votorum relaxatione, aliisque. Proinde in operibus tunc temporis inveniri possunt enumerationes seu elenchi causarum quæ iustæ rationabilesque pro dispensationibus petendis vel concedendis habentur.[62] Ipsæque SS. Romanæ Congregationes semel atque iterum indicem causarum publici iuris fecerunt.[63] Uti patet, omnes huiusmodi indices non erant taxative sed tantum demonstrative seu illustrative propositi. Sedes Apostolica præterea insistebat unam aliamve causam, singillatim sumptam, quibusdam in casibus gravioris momenti non sufficere, nisi aliis argumentis seu motivis fultam.[64] Periodo post-Tridentinæ adscribenda etiam est terminologia qua utuntur hodierni scriptores de re canonica vel canonico-morali et SS. Romanæ Congregationes in tractatione vel concessione dispensationum, præsertim matrimonialium, scilicet : causæ canonicæ et non canonicæ, honestæ et infamantes seu inhonestæ, « si preces veritate nitantur. »[65]

SCHOLION. — An facta sit aliqua dispensatio pro bono privato ante sæc. IX vel X ?

Conclusio J. Brys et Van Hove, post De Marca et alios quosdam, ubi affirmatur primis novem sæculis dispensationes concessas fuisse tantum ob causas utilitatis vel necessitatis communis Ecclesiæ,[66] non videtur apodictica, salvo meliori iudicio. Enimvero, si decisio S. Cyrilli

[61] Vide præ omnibus optimum tractatum Suarez hac de re in *De Legibus*, Lib. VI, capp. XVII-XX. Cfr. etiam Sanchez, *De Matrimonio*, Lib. VII, disp. 19-21 et 30.

[62] Cfr. Pyrrhus, *Praxis Dispensationum Apostolicarum* (Neapoli, 1641), Lib. I, cap. I, n. 11 ; Sanchez, *De Matrimonio*, Lib. VIII, disp. 19 ; Schmalzgrüber, *Ius Ecclesiasticum* (5 voll. in 12, Romæ, 1843-1845), Tom. IV, pars III, Tit. 16, nn. 102-123.

[63] Cfr. *Thesaurus Resolutionum S.C. Concilii* (167 voll, Romæ, 1718-1908), XCVI, nn. 358-359 ; *Collectanea* (1907), nn. 393 et 1470 ; *AAS*, XXXIV (1901-1902), 34-35.

[64] Cfr. *Collectanea* (1907), n. 1027 ; *ASS*, VII (1872), 277-280.

[65] Cfr. Sebastianelli, *Prælectiones Iuris Canonici*, II, 118-123, nn. 113-117.

[66] Brys, *De dispensatione in iure canonico*, p. 29, n. 1 ; Van Hove, *De Dispensationibus*, n. 450. — Ipse Brys citat De Marca.

Alexandrini de dispensandis quibusdam hæreticis a formula abiurationis quando ad Ecclesiam revertere volebant in praxim deducta fuit,[67] difficulter quis contendere potest huiusmodi casum esse exemplum dispensationis pro utilitate vel necessitate Ecclesiæ. Ni fallor, videtur S. Doctorem, in citate decisione tradenda, anxietatem animi illius « qui acumine mentis non pollet » vitare unice voluisse. Insuper, si « indulgentia », de qua loquitur canon Concilii Chalcedonensis relate ad monachos vel virgines matrimonium attentantes, uti dispensatio ab impedimento impediente matrimonium intelligitur,[68] obvia explicatio casus in favorem dispensationis ob bonum privatum militat. Denique testimonium Theodulphi, de dispensatione a lege ieiunii « charitatis causa », evidenter interpretandum est de relaxatione pro persona vel personis utilitatis privatæ causa.[69]

In conclusione, videtur quæstioni, « utrum ante sæculum IX vel X unquam facta fuit dispensatio ex causa boni privati », negative et quidem apodictico modo non esse respondendum. Quapropter præferenda videtur sententia quæ ita sonat : Ante sæc. IX vel X dispensationes *ordinarie* ex sola causa utilitatis vel necessitatis publicæ concedebantur. Hoc modo non excluditur possibilitas quod lex, aliquo in casu extraordinario, ob bonum privatum relaxata sit.

[67] *Supra*, p. 37.
[68] *Supra*, p. 32.
[69] *Supra*, p. 37.

PARS SECUNDA

COMMENTARIUM CANONICUM

CAPUT V

POTESTAS DISPENDANDI IN CODICE IURIS CANONICI, PRAESERTIM IN CAN. 81

Art. 1. — Notiones præliminares.

Codex Iuris Canonici notiones normasque dispensationis, a iure superiori et Canonistarum operibus traditas, in unum collegit, expolivit et auctoritative denuo edidit in Lib. I, Tit. VI, *De Dispensationibus,* cc. 80-86. Hi canones normas generales dispensationis continent ; normæ vero casusque particulares aliis in locis Codicis tractantur.

Can. 80 definitionem et principium generale de auctore dispensationis tradit, scilicet quinam iure proprio et quinam potestate participata legem in casu particulari relaxare valeant.[1] Can. 81, quæstiones ac dubia de facultate Ordinariorum relaxandi ius commune solvens,[2] accurate determinat quando « Ordinarii infra Romanum Pontificem » dispensare « a generalibus Ecclesiæ legibus » possunt, necnon taxative enumerat conditiones sine quibus huiusmodi potestas

[1] *Supra,* pp. 21-22. — « The Code does not contain an explicit declaration of the extent of the Pope's dispensatory power, but from the principles enunciated in canon 80, together with the implication contained in canon 81, one can deduce that the dispensatory power of the Roman Pontiff includes within its scope any purely ecclesiastical law, whether it has been enacted by himself, by one of his predecessors, by the Apostles, by an ecumenical council, or, finally, by a legislator who exercises jurisdiction only over some particular territory or particular society. » — Reilly, *The General Norms of Dispensation,* pp. 52-53.

[2] *Supra,* pp. 45-47, 53-54.

exerceri non valeat. Can. 82 principia de auctore dispensationis « in legibus Concilii provincialis ac plenarii » et « in legibus quas speciatim tulerit Romanus Pontifex pro peculiari territorio » tradit. Ita controversiæ hac de re, quæ ob diversas Doctorum opiniones ante Codicem agitabantur,[3] semel et pro semper solutæ sunt. Can. 83 normas de parocho dispensante statuit. Can. 84, § 1, principium de necessitate causæ ad legem relaxandam continet, dum in § 2 normam sequendam in dubio de sufficientia causæ canonizat. Can. 85 de interpretatione dispensationis et can. 86 de cessatione dispensationis tractum hebentis successivum loquitur. Ita in Codice brevis, clara et auctoritativa tractatio fundamentalium quæstionum de dispensatione inveniri potest.[4]

Nunc, uti ex titulo huius dissertationis apparet, tractatus de potestate Ordinarii a generalibus Ecclesiæ legibus dispensandi primo et præcipue in can. 81 fundatur, qui proinde ex integro hic transcribitur :

> «A generalibus Ecclesiæ legibus Ordinarii infra Romanum Pontificem dispensare nequeunt, ne in casu quidem peculiari, nisi hæc potestas eisdem fuerit explicite vel implicite concessa, aut nisi difficilis sit recursus ad Sanctam Sedem et simul in mora sit periculum gravis damni, et de dispensatione agatur quæ a Sede Apostolica concedi solet. »

Art. 2. — De natura potestatis quæ habetur in can. 81.

Disputatum est utrum potestas dispensandi, canone 81 Ordinariis concessa, delegata (intellige delegata a iure, non ab homine, uti patet) sit an ordinaria. Ojetti inter præcipuos adsertores naturæ potestatis delegatæ de hac facultate prædicandæ adnumerandus est. Scribit enim quod « quævis facultas non constituens officium secundum ideam præformatam est delegata a iure. » Aliis verbis, quævis potestas aliquid addens conceptui officii qua officium, dicenda est illi adnexa per modum commissionis seu delegationis superadditæ. Si facultas

[3] *Supra*, p. 55.

[4] Cfr. totum Caput I, *supra*, ubi de istis quæstionibus sermo est.

igitur officio inhæret, ita ut formaliter aut æquivalenter ad ipsam officii constitutionem pertineat, tunc « ordinaria » dicitur ; secus, etiamsi a iure communi concedatur, « delegata » dicenda est.[5] Hæc Ojetti sententia nimis subtilis et plane ansam præbens confusioni apparet. Quis enim statuet quæ facultates ad constitutionem officii requiruntur, et quæ ad officium iam iuridice constitutum superadduntur, præsertim quando agitur de facultatibus ab ipso iure concessis Ordinario, scilicet personæ quæ intelligi nequit disiuncte ab officio ?

Quare omnino placet sententia opposita, quæ tenet potestatem in can. 81 ordinariam esse.[6] Visum est iurisdictionem necessariam esse ad dispensationes faciendas.[7] Nunc in Codice potestas iurisdictionis ordinaria definitur illa « quæ ipso iure adnexa est officio. »[8] Hæ duæ notæ essentiales, a) adnexio officio, et b) a iure facta, inveniuntur in can. 81 : facultas dispensandi inibit *Ordinariis* tribuitur, qui indubitanter officio ecclesiastico incumbunt (can. 145). Quid amplius requiritur ad potestatem iurisdictionis atque dispensandi Ordinariorum « ordinariam » prædicandam ? Addi potest quod immediate post paragraphum secundam can. 197, ubi de speciebus potestatis ordinariæ sermo fit, canon 198, de iis qui veniunt nomine *Ordinarii,* invenitur. Iuxtapositio canonum non est semper argumentum relationis inter præcedentem et subsequentem ; sed hoc in casu omnia videntur inveniri indicia ad hanc relationem prædicandam, scilicet voces « ordinaria » et « Ordinarii » atque factum quod omnes Ordinarii officio et iurisdictione fruuntur.

[5] Ojetti, *Commentarium in Codicem Iuris Canonici,* I, 328, nota 10 ; Idem, « De natura potestatis Ordinariorum secundum Codicem », *Gregorianum,* VI (1925), 436-441. — Alii DD. idem putantes sunt Fuster, « De la potestad ordinaria y delegada a iure », *Razon y Fe,* LXII (1922), 364-374, et « De las delegaciones a iure en el nuevo Codigo de Derecho canonico », LXIV (1922) eiusdem ephemeridis, 91-96 ; Eichmann, *Lehrbuch des Kirchenrechts auf Grund des Codex Iuris Canonici,* I, § 54, p. 116 ; Douville, *De la dispense* (Québec, 1935), pp. 74-75.

[6] Cfr. Michiels, *Normæ,* II, 694-696 ; Reilly, *The General Norms of Dispensation,* pp. 58-59 ; Coronata, *Institutiones,* I, 122 ; Van Hove, *De Dispensationibus,* n. 390 ; Crisci, « De delegatione a iure in iure canonico vigenti », *Apollinaris,* X (1937), 513-535 ; Hilling, « Begriff und Umfang der potestas iurisdictionis ordinaria und delegata nach geltendem Kirchenrecht », *Archiv für Katholisches Kirchenrecht* (*AKKR*), CIV (1924), 193 ssq.

[7] *Supra,* pp. 21-22.

[8] Can. 197, § 1.

Si conceditur hanc potestatem esse ordinariam (et nemo hodie videtur hoc negare posse), tunc eiusdem natura ulterius determinanda est. Can. 197, § 2, iurisdictionem ordinariam in propriam et vicariam dividit. Pacificum est Ordinarios non dispensare a legibus universalibus auctoritate et nomine propriis, quia hæ leges — per se — extra eorum competentiam sunt.[9] Sed Canonistæ, qui unanimiter conveniunt in excludenda potestate propria, cum de questione agitur quomodo vocanda et intelligenda sit iurisdictio ordinaria can. 81, minime conveniunt circa nomen. Quidam eam dicunt *vicariam*,[10] alii vero *derivatam*.[11] Dantur etiam qui illam utroque nomine vocent.[12]

Hæc nominum differentia momentum practicum vel, melius, effectus iuridicos facultatis Ordinariorum dispensandi non afficit, quia, positis conditionibus in can. 81 enumeratis, dispensatio suum

[9] Cfr. propositionem VII Synodi Pistoriensis a Pio VI, Const. *Auctorem fidei,* 28 aug. 1794, damnatam eo « quod supponit episcopo fas esse proprio suo iudicio et arbitratu statuere et decernere contra consuetudines, exemptionem, reservationem, sive quæ in universa Ecclesia, sive etiam in unaquaque provincia locum habent, sine venia et interventu superioris hierarchicæ potestatis, a qua inductæ sunt aut probatæ et vim legis obtinent. » — *Fontes,* II, n. 475, § 16 ; Denzinger-Bannwart-Umberg, *Enchiridion Symbolorum, Definitionum et declarationum de rebus fidei et morum* (24-25 ed., Barcelona : Editorial Herder, 1948), n. 1507 (deinceps citabitur *Enchiridion*). Cfr. etiam propositionem LXXIV — Fontes, II, n. 475 ; Denzinger-Bannwart-Umberg, *Echiridion,* n. 1574.

[10] Berutti, *Institutiones Iuris Canonici,* I, 170 ; Cavigioli, *Manuale di Diritto Canonico* (3ª ed., Torino : Società Editrice Internazionale, 1946), p. 208, nota 3 ; Restrepo Uribe, *De Episcoporum Ordinaria Dispensandi Facultate* (Medellii, Colombia : Ex Officina Libraria « Tipografia Bedaut », 1939), p. 114.

[11] Brys, *Juris Canonici Compendium* (10ª ed., 2 voll., Brugis : Desclée de Brouwer et Socii, 1948-1949), I, 172 ; Coronata, *Institutiones,* I, 122 ; Durand, in *Traité de Droit Canonique, publié sous la direction de Raoul Naz* (4 voll., Paris : Letouzey et Ané, 1947-1949), I, 217, n. 315 ; Michiels, *Normæ,* II, 693 et 706 ; Vermeersch, *Epitome Iuris Canonici,* I, n. 158.

[12] E. g., Maroto, *Institutiones Iuris Canonici* (2 voll, Romæ 1919-1921 ; Vol. I, 3ª ed., Romæ : Apud Commentarium pro Religiosis, 1921), I, hanc potestatem dicit derivatam ad p. 362, n. 304, et vicariam ad p. 829, n. 699, nota 3. Coronata scribit : « E contra de iure vigenti, non delegata, sed ordinaria vicaria habenda est iurisdictio a Codice concessa Ordinariis in exemptos, quia a iure stabiliter et pro omnibus locis adnexa est officio Ordinariorum : idemque dicito de qualibet alia potestate quæ alicui officio stricte dicto concessa sit a Codice vel etiam a iure particulari, si de officio iuris particularis agatur. » — *Institutiones,* I, 314. — Alio vero in loco dicit : « potestate ordinaria derivata iidem Ordinarii ab iisdem legibus [generalibus] dispensare valent. » — *Institutiones,* I, 122.

sortitur effectum sive eam dicas factam ex potestate ordinaria vicaria, sive illam prædices datam ex potestate ordinaria derivata. Videtur tamen scriptori huius dissertationis notionem potestatis vicariæ melius convenire naturæ iurisdictionis quam Ordinarius in relaxando a iure communi exercet. Quid est enim potestas vicaria ? Definitur « quæ ex officio quidem habetur at nomine alieno exercetur, quia per se ad alium, tamquam principalem spectaret, cuius veluti substituta et accessoria persona habetur ille qui vicarius existit. »[13] Huiusmodi definitio videtur optime applicari ad actum Ordinarii dispensantis. Ipse enim agit potestate ordinaria, ut supra dictum est, sed circa ea agit quæ per se ad Superiorem spectarent. Superior in casu est Sancta Sedes, quæ sola — per se — competentiam habet in normas iuris communis ad bonum societatis christianæ statutas, nempe in leges generales Ecclesiæ. Cum vero interventus S. Sedis non semper haberi queat (et can. 81 specificat conditiones) aut quando ordinatum et efficiens fidelium regimen id expostulat (explicita vel implicita concessio facultatum), ipse Superior per inferiorem agere potest, iuxta illud : « Potest quis per alium, quod potest facere per seipsum. » [14] Hisce in casibus inferior agit vel ut delegatus, vel ut vicarius. Exclusa igitur potestate delegata Ordinarii, ipse dicendus est agere potestate vicaria.

Adde quod Codex duas tantum divisiones potestatis seu iurisdictionis ordinariæ novit, propriam scilicet et vicariam. Ad quid multiplicare entia sine necessitate, tertiam inducendo distinctionem ? Præterea distinctio in potestatem derivatam non est adæquata. « Derivari — ut bene scribit Coronata — de qualibet iurisdictione quæ in Ecclesia est, non exclusa Romani Pontificis iurisdictione quæ a Deo immediate datur, dici potest. »[16] Quod patet ex iure constitutionali Ecclesiæ. Et nihil refert sive aliqua iurisdictio immediate a Deo, sive immediate a Romano Pontifice aut mediate a iure procedat : notam derivationis semper præ se fert. Ergo, ut norma adæquata distinctionis accipi nequit. Unica igitur manet solutio, idest ut potestas qua Ordinarius a lege generali dispensat *ordinaria vicaria* prædicetur.

[13] Ottaviani, *Institutiones Iuris Publici Ecclesiastici*, I, 213, n. 121.
[14] Reg. 68, R.J., in VI°.
[15] *Institutiones*, I, 341, nota 3.

Facultas hæc dispensandi latæ subest interpretationi. Can. 85 statuit : « Strictæ subest interpretationi... ipsamet facultas dispensandi ad certum casum concessa ; » sed potestas ex can. 81 nequaquam ad certum casum concessa dicenda est. Insuper « potestas iurisdictionis ordinaria... late interpretanda est, » uti dicit can. 200, § 1, et visum est supra Ordinarios dispensare potestate ordinaria. Ergo, tute cum Suarez affirmari potest, « illa potestas ordinaria favorabilis est, quia non est contra ius, sed potius secundum ius, nec per se potest censeri odiosa aut nociva, cum sit simpliciter necessaria ad commune regimen, et ad convenientem usum legum. »[16]

ART. 3. — QUÆSTIONES CONNEXÆ.

1. Utrum potestas dispensandi, de qua in can. 81, delegari possit ?

Respondetur affirmative.[18] Principium iuridicum quo hæc innititur sententia invenitur in can. 199, § 1 : « Qui iurisdictionis potestatem habet ordinariam, potest eam alteri ex toto vel ex parte delegare, nisi aliud expresse a iure caveatur. »[18] Porro in Codice non invenitur expressa prohibitio delegationis, nempe ius expresse aliud non cavet. Ordinarii ergo potestate dispensandi ex iure communi gaudentes, alteri delegare huiusmodi facultatem possunt, sive pro foro externo sive pro foro interno.[19]

Clare patet quod idoneitas requiritur in delegato, quia actu delegationis iurisdictio transfertur,[20] et ideo solummodo persona capax recipiendi et exercendi iurisdictionem ecclesiasticam delegari potest

[16] *De Legibus,* Lib. VI, cap. XVII, n. 11. — Firmatur Reg. 15 : « Favorabilia amplianda sunt » — R.J., in VI°. — Cfr. etiam Reilly, *The General Norms of Dispensation,* pp. 122-123 ; Van Hove, *De Dispensationibus,* nn. 488, 490 ; Michiels, *Normæ,* II, 762.

[17] Omnes canonistæ, ni fallor, de hoc conveniunt, quamvis generatim de re tractent, non in commentario ad can. 81, sed potius quando de expositione can. 199, § 1, agunt.

[18] Etiam si (dato et non concesso) facultas can. 81 delegata a iure diceretur, subdelegatio adhuc fieri posset, quia dici nequit facta industria personæ, cum omnibus Ordinariis simili modo et a iure concedatur.

[19] Cfr. Coronata, *Institutiones,* I, 344.

[20] Cfr. D. (1. 21) (1. 1) ; D. (50. 7) 3, 5.

ad dispensandum. Præter autem hanc idoneitatem iuridicam, requiritur in delegato idoneitas, ut ita dicam, moralis. Dispensatio a iure communi est negotium maximi momenti ; quare Ordinarius, qui magna prudentia et gravi ponderatione potestatem sibi a can. 81 factam exercere debet, maiori adhuc prudentia et graviori consilio in seligendo personam omnino dignam, cui suam committere vult iurisdictionem, agere tenetur.

2. An Ordinarius possit seipsum dispensare ?

Utique potest ; sive *indirecte,* quando scilicet totam dispensat communitatem et proinde ipse, ut primum membrum seu caput communitatis, una cum aliis dispensatus manet ; vel, adhuc indirecte, quando alteri facultatem tribuit ut cum seipso dispenset. Sive *directe,* in foro externo uti patet, quia « nisi aliud ex rerum natura aut ed iure constet, potestatem iurisdictionis voluntariam seu non iudicialem quis exercere potest etiam in proprium commodum. »[21] Dispensatio autem est actus iurisdictionis voluntariæ, et ius aliud non statuit Hæc sententia hodie fere unanimis est.[22]

3. Locus ubi Ordinarius dispensare valet.

Imprimis in proprio territorio seu provincia, quia inibi iurisdictionem exercet et ipse eiusque subditi plerumque inveniuntur. Attamen dispensatio adhuc valet si illius auctor aut subiectum passivum extra territorium sint, ex statuto can. 201, § 3 : « Nisi aliud ex rerum natura aut ex iure constet, potestatem iurisdictionis voluntariam quis exercere potest... extra territorium existens, aut in subditum e territorio absentem. » Hoc ex doctrina et iure ante Codicem receptis. « Sicut Princeps iurisdictionem habet ubique, sic et hic qui auctoritatem habet ab ipso. »[23] Hanc doctrinam confirmat sententia, quæ docet Ordinarium vi can. 81 dispensare potestate vicaria.

[21] Can. 201, § 3.

[22] Dissentit Hilling, in *AKKR,* CX (1930), 294, citatus a Van Hove, *De Dispensationibus,* n. 436, ubi etiam refertur opinionum diversitas hac de re, quæ inter auctores ante Codicem vigebat.

[23] Ioannes Andreæ, *Commentaria novella,* ad c. 13, *per venerabilem,* X. *qui filii sint legitimi,* IV, 17, n. 6.

4. De dispensatione in casibus frequenter occurrentibus vel levioribus aut fere quotidianis, et de quæstione an can. 81 applicari possit quando dispensatio iam recusata fuit a Sancta Sede, inferius agitur.

5. An Episcopus cum regibus ac regiæ stirpis principibus dispensare valeat ?

Nulla datur in Codice explicita restrictio potestatis Ordinariorum dispensandi cum Principibus. Attamen S. C. de Sacramentis, die 7 martii 1910, declaravit « dispensationes a quibusvis impedimentis matrimonium sive dirimentibus, sive impedientibus, quæ regibus ac regiæ stirpis principibus erunt concedendæ, Sedi Apostolicæ speciali modo esse reservatas, ita ut ab huius potestatis usu excludantur Ordinarii omnes et alii quilibet, in gravi dignitate constituti ; eandem potestatem in facultatibus cuilibet et quavis forma concessis, nullatenus esse comprehensam. »[24]

Quidam auctores dicunt modo citatum decretum. implicite contineri in Codice, quia agit de una ex « causis maioribus » quæ, ad normam can. 220, Romano Pontifici reservantur, et quæ nullibi taxative enumerantur.[25] Porro ex can. 6, n. 6, leges disciplinares iuris anterioris, dummodo implicite in Codice contineantur, vim non amiserunt.[26]

Concluditur Ordinarios loci, in ordinarie contingentibus, dispensare posse cum principibus ab omnibus in quibus cum aliis fidelibus dispensare valent, exceptis matrimonii impedimentis. Attamen, si in casu aliquo extraordinario (quod difficulter concipitur) verificarentur conditiones in fine can. 81 specificatæ, Ordinarium loci etiam ab impedimentis matrimonialibus cum principibus dispensare posse videtur. Ratio huius solutionis affertur : Dispensare principes ab

[24] *AAS*, II (1919), 147, n. 4.

[25] Cfr. cc. 220, 1557, § 1, 2227, § 1 ; Creusen, « L'abrogation de l'ancien droit », *Nouvelle Revue Théologique* (*NRT*), L (1923), 199 ; De Smet, « Commentaire des indults accordés aux Ordinaires d'Europe en matière de mariage », *NRT*, L (1923), 308 ; Restrepo Uribe, *De Episcoporum Ordinaria Dispensandi Facultate*, pp. 122-123 ; Michiels, *Normæ*, I, 134.

[26] Cfr. Neuberger, *Canon 6 or the Relation of the Codex Iuris Canonici to Preceding Legislation*, The Catholic University of America Canon Law Studies, n. 44 (Washington, D.C. . The Catholic University of America, 1927), p. 63 ; Cicognani-Staffa, *Commentarium*, I, 97.

impedimentis matrimonialibus est probabiliter causa maior et proinde reservata ; ergo, in ordinarie contingentibus, Ordinarius non debet dispensare, ne periculo sese exponat concedendi invalidam dispensationem. In casu vero urgenti dicitur dispensare posse, quia facultas dispensandi est omnino certa (can. 81 ; cfr. etiam cc. 1043, 1045) ; reservatio autem, de qua supra, tantum probabiliter existit : ergo facultas dispensandi prævalere videtur.

ART. 4. — DE SUBIECTO PASSIVO DISPENSATIONIS IN CAN. 81.

Cum nomine Ordinarii veniant in Codice sive Ordinarius loci sive Superiores maiores, duæ scilicet categoriæ auctorum dispensationis,[27] logice consequitur etiam subiecta passiva eiusdem in duplicem dividi classem, prout nempe sub potestate unius vel alterius cadunt. Videndum igitur hoc in articulo quæ relatio intercedere debet inter dispensantem et dispensandum ; deinde tractatur de subditis Ordinarii loci et Ordinarii religiosi respective ; denique de illis agitur qui videntur nullo modo subditos alterutrius esse, idest de quæstione utrum peregrini dispensari possint ab Ordinario loci per quod transeunt, et quonam titulo.

Titulus subiectionis relationem iuridicam inter subditum et Superiorem constituit, quæ de essentia requiritur ad dispensandum, canone 201, § 1, statuente : « Potestas iurisdictionis potest in solos subditos directe exerceri. » Hæc proinde relatio iuridica habenda est ut conditio sine qua non antecedens dispensationem.[28] Principium fundamentale ex canone modo citato clarissumum videtur ; verumtamen, quando ad interpretationem illorum verborum « directe » et « subditos » atque ad principii applicationem in casu concreto devenitur, videtur hoc acerbissimis controversiis ansam præbere. Ab

[27] *Infra*, pp. 95 ssq.

[28] Subiectio, prout ipsa iurisdictio, haberi potest in foro interno (sacramentali aut extra-sacramentali) et in foro externo. Hic vero non agitur expresse de relatione inter Superiorem et subditum in foro interno, eo quod « actus iurisdictionis sive ordinariæ sive delegatæ collatæ pro foro externo, valet quoque pro interno. » (Can. 202, § 1). Porro notum est Ordinarium potestate dispensandi gaudere in foro externo.

hoc pendet controversia de dispensatione peregrinorum, de qua inferius tractabitur.

Pacificum est persona ecclesiasticæ iurisdictioni subiici imprimis baptismate valide suscepto.[29] Magis vero determinate fideles subiiciuntur ratione domicilii vel quasi-domicilii ; vel actuali commoratione aliquo in loco, si de vagis agatur ; aut incardinatione, si de clericis sermo fit ; sive professione religiosa aut incorporatione, quoad religiosos ; atque in quibusdam casibus, ex statuto legis explicito, commoratione die noctuque in domo religiosa. Ex uno ex istis capitibus (una cum baptismo valide suscepto, quod est præsuppositum essentiale omnibus in casibus) aliquis fit subditus Ordinarii et proinde capax dispensationis directæ. In paragrapho subsequenti brevis fit enumeratio subiectorum passivorum dispensationis.

1) Quoad Ordinarium loci sunt subditi :

a) omnes domicilium vel quasi-domicilium in diœcesi habentes (can. 94, § 1) ;
b) vagi, durante commoratione in territorio seu diœcesi (can. 94 § 2) ;
c) clerici omnes diocesi incardinati (cc. 111 ssq.) ;[30]

2) quoad Superiores maiores vero sunt subditi :

a) professi in sua religione (cc. 501 et 634) ;
b) novitii (can. 875, § 1) ;
c) qui in religiosa domo die noctuque degunt causa famulatus, educationis, hopitii aut infirmæ valetudinis (can. 514, § 1).[31]

Notandum est quod in religionibus quæ in provincias dividuntur, aut consimiles divisiones quamvis diverso nomine vocentur, subditi Superioris maioris sunt eodem tempore subditi Moderatoris supremi.[32]

[29] Can. 87. Cfr. McCloskey, *The Subject of Ecclesiastical Law According to Canon 12*, The Catholic Unversity of America Canon Law Studies, n. 165 (Washington, D. C. : The Catholic University of America Press, 1943), *passim*.

[30] Ex analogia includuntur etiam clerici alienæ diocesis non incardinati, sed ex contractu diœcesi inservientes.

[31] Qui sub c) enumerantur sunt subditi secundum quid, et proinde dispensari possunt ab Ordinario religioso solummodo in iis quæ ius expresse concedit, v.g., ab observantia festorum, ieiunii et abstinentiæ (can. 1245, § 3). In aliis ab Ordinario loci pendent.

[32] Can. 502.

Hoc generale principium vero non obtinet cum de Congregationibus monasticis sermo fit, quia subditi uniuscuiusque monasterii *sui iuris* sub potestate directa proprii Abbatis sunt. Ad videndum igitur utrum etiam sub iurisdictione Abbatis Primatis Congregationis, et in quibus, cadant, consulendæ sunt Constitutiones cuiusque Congregationis et particularia decreta S. Sedis.[33]

Quæstio agitatissima inter auctores et nullo modo sufficienter soluta pro vel contra (nec unquam solvenda, uti apparet, sine interventu S. Sedis) est illa quæ *de dispensatione* peregrinorum agit : scilicet, utrum peregrinus, aliquo ex capite, tamquam subditus Ordinarii loci per quod transit considerari queat, et consequenter ab ipso Ordinario dispensari valeat. Canonistæ duplici militant sub vexillo. Quidam negant ;[34] alii affirmant, vel saltem sententiam favorabilem dicunt « non tantum extrinsece sed et intrinsece serio probabilem et in iure solide fundatam, ita ut in praxi tuto applicari possit. »[35]

Doctrina eorum qui negant duplici resumi potest argumento :

a) Iurisdictio potest in solos subditos directe exerceri (can. 201, § 1) ; atqui peregrini non sunt subditi Ordinarii loci, quia in

[33] Ex iure Abbati Primati competit facultas ferendi sententiam dimissionis (can. 655) et potestas erigendi tribunal secundæ instantiæ pro causis religiosorum coram Superiore provinciali agitatis (can. 1594, §4).

[34] Ojetti, *Commentarium in Codicem Iuris Canonici,* I, 329 ; Coronata, *Institutiones,* I, 125-126 ; De Smet, *De sponsalibus et matrimonio* (4ª ed., *Brugis,* 1927), n. 775 ; Haring, *Grundzüge des katholischen Kirchenrechts* (3ª ed., a post Codicem, Graz, 1924), I, 84 nota 3 ; Chelodi-Ciprotti, *Ius Canonicum de Personis* (Vicenza : Società Anonima Tipografica, 1942), p. 147, nota 3 ; Van Hove, *De Dispensationibus,* n. 433 ; et alii.

[35] Michiels, *Normæ,* II, 731 ; Vermeersch-Creusen, *Epitome Iuris Canonici,* I, n. 198 ; Maroto, *Institutiones Iuris Canonici,* I, n. 305 ; Clæys-Bouuært-Simenon, *Manuale Iuris Canonici, ad usum seminariorum* (3 voll. ; Voll. I et III, 3ª ed. ; Gandæ et Leodii, 1930-1931), I, n. 233 (deinceps citabitur *Manuale*) ; Cappello, *Summa Iuris Canonici,* I, n. 130 ; Regatillo, *Institutiones Iuris Canonici,* I, 177 ; Cicognani-Staffa, *Commentarium,* II, 609-610 ; Reilly, *The General Norms of Dispensation,* p. 100 ; Christ, *Dispensation from Vindicative Penalties,* p. 132 ; D'Angelo, « In can. 1045 Codicis I. C. excursus », *Apollinaris,* I (1928), 255-157, ubi citantur pro sententia favorabili Triebs, *Praktisches Handbuch des geltendem kanonischen Eherechts* (Breslau, 1933), pp. 173 et 180, et Vlaming, *Prælectiones iuris matrimonii* (3ª ed., 2 voll., Bussum in Hollandia, 1919-1921), II, 405. — Sed duo ultimi DD., ni fallor, peregrinos dispensari posse tantum in casibus a iure expressis docere videntur.

diœcesi vel territorio non habent domicilium vel quasi-domicilium ad normam can. 94, § 1. Ergo.

b) Codex quosdam casus enumerat in quibus Ordinarius dispensare potest etiam peregrinos, e.g., cc. 1043, 1045, 1245, 1313, 1320. Hæc casuum enumeratio taxativa dicenda est ; alias superflua esset, si Ordinarius semper dispensare posset. Ergo.

Cum auctoribus sententiæ favorabilis, quæ maxime placet, respondetur præfatis argumentis valore non carentibus. Ad a) : Can. 201, § 1, non necessario interpretandum est exclusive ad normam can. 94, § 1, quia aliquis interdum iurisdictioni alterius subiicitur ratione *contractus,* et sic revera fit subditus quoad competentiam Superioris in illum, v.g., in can. 1565 de foro competenti. In hac ratione contractus fundatur relatio Sodales inter et Superiores maiores, quia professio religiosa consideratur tamquam contractus inter religionem et personam quæ vota emisit.[36] Insuper vagus fit subditus Ordinarii ratione actualis *commorationis,* ex ipso iuris statuto (can. 14, § 2) ; et reus sub alterius iurisdictionem cadit ratione *delicti* patrati (can. 1566). Nota denique quod sententia iure fundata (can. 201, § 3), docet Ordinarium posse seipsum a lege generali directe dispensare :[37] hoc in casu, uti patet, titulus subiectionis inter dispensantem et dispensatum latissimo accipitur sensu.

Ergo, omnibus consideratis, sententia quæ tenet can. 94, § 1, non constituere unicum et exclusivum titulum subiectionis quoad dispensationes non est dicenda sine ullo fundamento in iure. Quid proinde vetat ut in favorabilibus peregrini habeantur tamquam subditi Ordinarii loci per quod transeunt, et consequenter valide dispensentur in adiunctis can. 81 ?[38] Ad b) : Casus, quos Codex

[36] Cfr. Schæfer, *De Religiosis* (4ª ed., Romæ : Editrice « Apostolato Cattolico », 1947), nn. 142 et 940. — Etiam « incorporatio » rationem contractus habet quia pendet a nova professione in religione ad quam Sodalis transit. (Cfr. can. 634).

[37] *Supra,* p. 69.

[38] Hæc doctrina favorabilis confirmatur iurisprudentia S.R. Rotæ, *Nullitatis matrimonii,* 25 maii 1925, coram R.P.D. Ubaldo Mannucci, Dec. XXV, n. 3, ubi « solidissima » vocatur cui pauci contradicunt, quin improbabilem reddant.

specificat, non necessario dicendi sunt taxative enumerati, prout fautores sententiæ negativæ affirmant. Re quidem vera opinio, quæ huiusmodi canones demonstrativos vocat, omnino sustinenda videtur. Hoc roboratur ex parallelis : cfr. can. 1964 una cum can. 1565 conlatum, can. 1039, § 1, can. 1097, § 2 ;[39] et præcipue ex interpretatione authentica 27 iul. 1942, in qua statuitur Ordinarium dispensare posse intra fines canonis 81, etsi nondum omnia parata sint ad nuptias (can. 1045).[40]

Denique notum est potestatem dispensandi ampliatam esse a Codice (cfr. cc. 200, § 1, 1043, 1045, et præsertim can. 81), ita ut disciplina hodierna longe mitior et favorabilior hac in re dicenda sit quam disciplina ante Codicem vigens. Sententia Navarri, « dispensatio odiosa... potestas dispensandi tamen est favorabilis et amplianda, » perpulchre vaticinare videtur ius hodiernum Ecclesiæ in materia dispensationum.[41]

« Agitur namque de lege generali Ecclesiæ cui et peregrini sunt subiecti in loco ubi viget (can. 14, § 1, n. 3) ; itaque vel ratione transitus non quidem Ordinarium sed Superiorem certe sortiuntur, seu subditi fiunt quoad harum legum observantiam, et ea quæ observantiam consequuntur, ut sunt sanctio pœnalis, et, ob rationem contrarii, dispensatio... Quod itaque iure præcedenti iam ex sola ratione transitus deducebatur (Gennari, Cons. mor., 1902, I, cons. 68, 68, n. 7 ; Wernz, IV, 622, n. 10 ; Putzer, 5ª ed., p. 67 s.) iure novo non solum ad mentem can. 6, 2°, retineri potest, quin immo ratione quoque contractus accedente, firmius peregrini subditi censentur Ordinarii loci quoad dispensationes. » — *S. Romanæ Rotæ Decisiones seu Sententiæ, quæ prodierunt anno 1909-* (Romæ : Typis Polyglottis Vaticanis, 1912-) (deinceps citabitur *S. R. R. Decisiones*), XVII (1925), 197-198. — Hoc denuo affirmatur in S.R.R., *Nullitatis matrimonii,* 10 aug. 1926, coram R.P.D. Maximo Massimi, Decano, Dec. XL, nn. 4-5, ubi dicitur quod can. 81 facultas adhiberi potest etiam pro peregrinis, quia si in casibus urgentioribus can. 81 Ecclesia relaxat obligationem recurrendi ad S. Sedem, « qui igitur fieri potest ut iisdem in casibus relaxare nolit obligationem recurrendi ad Ordinarium domicilii vel quasi-domicilii ? » — *S.R.R. Decisiones,* XVIII (1926), 320.

[39] Cfr. S.R.R., *Nullitatis matrimonii,* 25 maii 1925, coram R.P.D. Ubaldo Manucci, Dec. XXV, n. 3 : « Unde liquet potestatem explicite datam Ordinariis locorum quoad dispensationem a lege communi de observantia festorum, abstinentiæ et ieinii (can. 1245), a votis (can. 1313) non esse accipiendam ut exceptionem firmantem regulam in contrarium, sed ut expressionem mentis legislatoris ad norman can. 20. » — *S.R.R. Decisiones,* XVII (1925), 197.

[40] *Infra,* p. 78.

[41] *Consilia,* V, c. 45, n. 3. Cfr. etiam S.C. Consist., Decretum *Proxima sacra,* 25 apr. 1918 — *AAS,* X (1918), 190 ssq.

Relate igitur ad totam quæstionem, dici potest sententiam, quæ docet Ordinarium peregrinos dispensare posse, solidis iuris rationibus inniti, proinde tuto in praxi adhiberi posse.

ART. 5. — INSTRUCTIONES S. SEDIS ET INTERPRETATIONES AUTHENTICÆ QUÆ FUNDAMENTALES SUNT PRO INTERPRETATIONE CAN. 81.

Quædam S. Sedis documenta sunt adeo connexa cum interpretatione can. 81, ut sæpenumero citari debeant in expositione eiusdem canonis. Quapropter hic ex integro vel ex parte transcribuntur, ut inutiles postea repetitiones vitentur.

1. *Quoad causas dispensationis.* Habetur Instructio S. C. de Sacramentis, 1 aug. 1931, missa ad Excellentissimos Episcopos quoad dispensationes super impedimento consanguinitatis in primo lineæ collateralis gradu mixto cum secundo impetrandas. Hac in instructione S. Congregatio lamentatur quod plures huiusmodi dispensationes petantur, et Pastores hortatur ut fideles a talibus dispensationibus postulandis avertere conentur, « nisi vere graves urgentesque causæ id suadeant. » Deinde quasdam graves causas, ex stylo curiæ, enumerat : « remotio notabilis scandali, compositio gravium quæstionum in successione bonorum, aut resolutio implexarum vel valde miserarum conditionum familiarum. » Ultima monitio, denique, maximi est momenti : « Ideoque ad rem haud sufficere censeant suetas, quæ pro ceteris impedimentis etiam maioris gradus adducuntur, causas ; nempe angustia loci, ætatem mulieris superadultam, carentiam dotis et similia, excepto casu quo eædem, non singillatim sed copulative sumptæ, tam grave pondus efforment, ut dispensationem suadeant, iuxta regulam iuris 'singula quæ non prosunt, simul collecta iuvant'.»[42]

Hæc Instructio maioris est momenti quam prima facie apparet. Primo, normam generalem de proportionanda causa dispensationis cum gravitate legis continet ; secundo, indicat huiusmodi normam desumendam esse non arbitrarie aut ex opinionibus unius alteriusve,

[42] *AAS,* XXIII (1931), 413-415.

sed ex stylo curiæ ; tertio, explicite docet in casibus gravissimi momenti non sufficere unicam causam, etiam ex stylo curiæ desumptam, sed requiri concurrentiam duarum vel plurium causarum. Hæ normæ ab Ordinariis præ oculis habendæ sunt quando iuxta can. 81 a generalibus Ecclesiæ legibus dispensant.

2. *Quoad media communicationis.* Secretaria Status, anno 1891, litteras encyclicas misit in quibus notum fiebat Summum Pontificem S. Congregationibus et Dicasteriis Curiæ Romanæ præscripsisse ne in posterum ordinario admitterent gratiarum petitiones per telegraphum factas. Quæ norma valebat etiam pro curiis diœcesanis, quoad petitiones ad ipsas directas.[43] Deinde, anno 1892, S.C.S. Officii decretum emisit in quo ad dubium propositum, Utrum valeat executio dispensationis matrimonialis facta ab Ordinario post acceptum nuntium telegraphicum, antequam documentum authenticum de concessa gratia recipiat, respondit : « Negative, nisi notitia telegraphica transmissa fuerit ex officio, auctoritate S. Sedis. — SS.mus approbavit. »[44] Denique habetur responsum Pontificiæ Commissionis ad Codicis canones authentice interpretandos, 12 nov. 1922, ubi legitur : « D. Utrum in casibus, de quibus in canonibus 1044 et 1045, § 3, censendum sit Ordinarium adiri non posse, cum nec per literas, nec per telegraphum nec per telephonum ad eum recurri potest ; an etiam cum solum per literas impossibile sit, licet per telegraphum vel telephonum id fieri possit. R. Negative ad 1^{am} partem ; affirmative ad 2^{am}, seu ad effectum, de quo in cann. 1044 et 1045, § 3, censendum esse Ordinarium adiri non posse, si nonnisi per telegraphum vel telephonum ad eum recurri possit. »[45]

[43] Litt. Encycl. Secret. Status, 10 dec. 1891 : « In vista degli inconvenienti che sonosi verificati e che facilmente possono rinnovarsi nel ricevere domande di grazia per mezzo di telegrammi, il S. Padre ha prescritto che da ora in poi, per regola ordinaria, tutte le Sacre Congregazioni ed altri dicasteri ecclesiastici romani non ammettano siffatte domande col mezzo indicato. — Valendo poi le stesse ragioni per le Curie Vescovili, Sua Santità vuole che anche i Pastori delle diocesi si uniformino a tale prescrizione. » — *Collectanea* (1907), n. 1775.

[44] S.C.S. Officii Decretum, 24 aug. 1892 : « Se sia valida una dispensa matrimoniale eseguita dall'Ordinario dietro l'avviso telegrafico, prima di aver ricevuto il documento autentico della grazia concessa. R. Negative, etc. » — *Fontes*, n. 1159.

[45] *AAS*, XIV (1922), 602, ad V.

Ex prædictis, et præsertim ex interpretatione authentica 12 nov. 1922, duo colliguntur : primo, nemo tenetur uti mediis extraordinariis communicationis ad recursum instituendum ; secundo, medium ordinarium pro tali recursu sunt litteræ.[46]

3. *Quoad extensionem can.* 81. Habetur alia interpretatio authentica Commissionis Codicis, die 27 iul. 1942 data, quæ dicit : « D. An vi canonis 81, conlati cum canone 1045, Ordinarius dispensare valeat ab impedimentis matrimonialibus intra fines eiusdem canonis 81, etsi nondum omnia parata sint ad nuptias. R. Affirmative. »[47] E contra, interpretatio authentica 26 ian. 1949 statuit : « D.I. An sub verbis can. 81 *a generalibus Ecclesiæ legibus* comprehendantur vota Sedi Apostolicæ reservata. D. II. An Ordinarii, vi can. 81 et sub clausulis in eo recensitis, valeant dispensare subdiaconos et diaconos ab obligatione servandi sacrum cælibatum. R. Negative ad utrumque. »[48]

4. *Quoad recursum per Legatum Romani Pontificis.* Duo inveniuntur documenta S. Sedis hac de re : unum est Instructio privata Secretariæ Status ad Ordinarios Americæ Septentrionalis, alterum constituitur interpretatione authentica diei 26 iun. 1947. De hoc altero documento sermo fit in subsequenti articulo.

Die 1 ian. 1942 Delegatus Apostolicus pro Statibus Fœderatis Americæ ad Ordinarios illius regionis litteras misit, in quibus Instructiones Card. Secretarii Status circa usum can. 81 communicabantur. Hisce in litteris adumbratum invenitur responsum authenticum die 26 iun. 1947 datum, quia inibi dicitur Ordinarios recursum ad S. Sedem mediante Delegatione Apostolica instituere posse. Quapropter conditio pro usu can. 81, « difficilis sit recursus ad S. Sedem, » dicebatur non verificari pro Ordinariis Americæ Septentrionalis, quia Delegatus Apostolicus communicare cum Sede Apostolica poterat, et Ordinarii per eum suas petitiones Romam mittere valebant.

[46] Nota quod telephonum et telegraphum hic adducuntur per modum exempli organi extraordinarii recursus. At non sunt unica et exclusiva, uti infra videbitur in explanatione clausulæ « difficilis sit recursus ad S. Sedem ».

[47] *AAS*, XXXIV (1942), 241, ad I.

[48] *AAS*, XLI (1949), 158.

Uti patet, Instructio hæc Secretariæ Status non erat interpretatio authentica, sed potius consilium (italice, *misura, provvedimento*) administrativum.[49] Ipsæ enim litteræ, quibus Instructio transmittebatur, characterem privatum induebant.[50]

ART. 6 — NATURA INTERPRETATIONIS AUTHENTICÆ DIE 26 IUN. 1947 DATÆ.

Pontificia Commissio ad Codicis canones authenticæ interpretandos, ad dubium propositum, « An clausula can. 81 *nisi difficilis sit recursus ad Sanctam Sedem* obtineat quoties Ordinarii facile recurrere possunt ad Legatum Romani Pontificis in regione, qui cum eadem Sancta Sede communicat, » respondit « Negative. »[51]

Cappello, in « Annotationes » ad responsum modo citatum, sic argumentatur : « in canone isto (scilicet 81) mentio fit de *recursu* simpliciter, qui potest esse sive immediatus sive mediatus, sive directe sive indirecte factus, tum per se tum per alios, dummodo medium aptum atque tutum ordinariumque sit. Atqui Legatus Summi Ponti-

[49] Cfr. *The Jurist*, II (1942), 182-183.

[50] Textus litterarum Delegati Apostolici Cicognani, I ian. 1942 : « In order to remedy the difficulties of correspondence with the Holy See, the Cardinal Secretary of State has directed me to inform the Diocesan and Religious Ordinaries of this country that in the present circumstances they may recur to the Holy See through this Apostolic Delegation, and so avail themselves of the facilities at our disposal. This office makes frequent use of radiograms, and also of the air mails to Lisbon which, however, are not as regular as heretofore. Upon receipt of the petitions of the Ordinaries of Dioceses and Religious communities for faculties and dispensations, this Delegation will communicate with the Holy See by radiogram or by other channels, according to the possibilities and circumstances. When a response has been received from the Holy See, the relative rescript will be issued by this Delegation, in accordance with instructions already imparted, or to be given in particular cases. The Holy See hopes that in this way it may continue to correspond with the Hierarchy, and to furnish every assistance to the Dioceses and faithful of the country. His Eminence further notes that in virtue of the foregoing, the conditions for the use of canon 81 are not verified. Consequently appeal cannot be made to this Canon. If at a later date circusmstances become even more difficult, the Holy See will not fail to give the necessary and opportune instructions. In communicating the foregoing directions of His Eminence, I am pleased to add that this Delegation will glady lend all possible assistance in expediting the ecclesiastical and religious affairs of the nation. » — Bouscaren, *The Canon Law Digest* (2 voll. et *Supplement Through* 1948, Milwaukee : Bruce, 1934-1949), II, 44.

[51] *AAS*, XXXIX (1947), 374.

ficis, vi ipsius muneris, pro sua respectiva regione est veluti peculiare et proprium *medium* seu *organum communicationis* inter S. Sedem et Ordinarios. » Ergo. Quapropter « responsio prædicta non est extensiva aut restrictiva neque verius declarativa quatenus explicet legem obiective dubiam, sed potius dicenda mere comprehensiva quatenus verba legis in se certa declarat ac propterea valet retrorsum ad normam can. 17, § 2. »[52]

Salvo meliori iudicio, puto supradictum argumentum cl. Cappello claudicare in minori, unde nego consequens. In canone 81 agitur de recursu Ordinarii ad S. Sedem, minime vero de communicatione S. Sedis cum Ordinariis, quod valde differt a præcedenti.[53] His præmissis, videndum est quid sint Legati Pontificii et quod sit eorum officium. Non agitur hic de Legatis natis seu de Episcopis residentialibus (can. 270), sed de Legatis missis, qui sunt :[54]

a) *Legatus a latere,* seu Cardinalis cum potestate delegata ad aliquod particulare negotium.[55]

b) *Nuntius* et *Internuntius* (prouti sedibus maioribus vel minoribus assignantur), qui *ex officio* « fovent, secundum normas a S. Sede receptas, relationes inter Sedem Apostolicam et civilia Gubernia apud quæ legatione stabili fruuntur, » et « in territorio sibi assignato advigilare debent Ecclesiarum statum et Romanum Pontificem de eo certiorem reddere.[56]

c) *Delegatus Apostolicus,* cuius officium est advigilare in Ecclesiarum statum et de hoc Romanum Pontificem certiorem facere.[57]

Munera igitur Legatorum Pontificium clare specificantur in Codice. Unde ergo affirmatio Cappello : « Legatus... vi ipsius

[52] *Periodica,* XXXVI (1947), 343 ssq.

[53] Verbi gratia, Romanus Pontifex potest communicare cum Ordinariis quocumque organo seu medio a se electo, quamvis huiusmodi peculiare medium consideretur extraordinarium, e.g., telegraphum. Supremus enim Legislator non adstringitur dispositionibus iuris positivi aut opinionibus iurisperitorum. Hoc autem prædicari minime potest in hypothesi contraria, quando scilicet Ordinarius communicare vult cum Sede Apostolica.

[54] Cfr. Coronata, *Institutiones,* I, 426 ssq.

[55] Can. 266.

[56] Can. 267, § 1, nn. 1-2.

[57] Can. 267, § 2.

muneris... est... organum communicationis [intellige, *organum ordinarium*] inter S. Sedem et Ordinarios » ? Si hoc intelligitur sensu quod per ipsos Sedes Apostolica cum Ordinariis communicare potest, tunc nulla difficultas, quia minister facit quidquid dominus illi imperat ; quamvis fortasse melius diceres Legatum hoc peculiare munus explere ex natura rei, potius quam vi ipsius officii. Sed hæc interpretatio ad rem non facit : agitur enim, in casu nostro, de recursu *ad* S. Sedem. In quo altero casu videtur affirmari non posse Legatos Romani Pontificis esse *medium ordinarium* pro Ordinariis recurrendi ad Apostolicam Sedem.[58] Ratio est, quia hoc non colligitur ex verbis canonum, qui de munere Legati loquuntur, et quia Legatus non est dicendus administer (italice, *agente*) nec cursor publicus Ordinariorum. Adde quod ex praxi communi Curiarum diœcesanarum ac religiosarum communicationes inter Ordinarios et S. Sedem directe instituuntur, excepto casu aliquo extraordinario aut quando normæ particulares præcribunt transitum per Legatum Pontificium. Ergo, Legatus ad summum dici potest medium extraordinarium communicationis. At nemo tenetur uti mediis extraordinariis ad recursum instituendum.[59] Auctores enim considerant ordinarium medium recurrendi esse per epistolam via ordinaria missam ;[60] et quamvis non tractent explicite de recursu per Legatum Apostolicum, mens eorum hac in re plane colligitur ex principiis ab illis traditis in expositione clausulæ can. 81, « nisi difficilis sit recursus ad Sanctam Sedem. »

Dubium de includendo Legato inter media ordinaria communicationis non videtur mere subiectivum, sed potius in non-evidentia obiectiva ipsius legis fundatum. Unde interpretatio authentica, de qua hucusque actum est, non videtur mere declarativa seu « quæ verba legis in se certa daclarat tantum, »[61] sed potius *explicativa* seu quæ

[58] Hoc dicitur abstractione facta a responsione 26 iun. 1947, in qua positive aliud cavetur. Aliis verbis, tota controversia fundatur in hoc : Urum ex iure et de facto, ante supradictam interpretationem authenticam, evidenter constabat præsentiam Legati Romani Pontificis in regione, qui cum S. Sede communicabat, excludere difficultatem recursus, annon.

[59] Cfr. Litteras Secretariæ Status, 10 dec. 1891 — *Collectanea* (1907), n. 1775 ; S.C.S. Officii, 24 aug. 1892 — *Fontes*, n. 1159 ; *AAS*, XIV (1922), 662.

[60] Reilly, *The General Norms of Dispensation*, p. 73.

[61] Can. 17, § 2.

« explicat legem dubiam ; »[62] nisi fortasse aliquis extensivam dicere vellet, quod non est valde probabile.[63]

Adde quod interpretatio mere declarativa « valet retrorsum » (can. 17, § 2). Quid igitur dicendum de dispensationibus forte factis ab Ordinario ad normam can. 81 ante annum 1947, quando recursus per Legatum Apostolicum facilis erat et factus non fuit ? Fueruntne omnes invalidæ ? Cappello huic difficultati respondit : « Practice, quoad singulas dispensationes singulosque actus, opportunæ distinctiones necessario faciendæ atque sedulo dispiciendum an et qua ratione applicari possit præscriptum can. 15 et 209. »[64] Videtur ex hac sententia cl. Auctoris argumentum contra eius opinionem efformari posse. In utroque canone 15 et 209 sermo est de dubio iuris aut facti, et quidem positivo et probabili. Nunc, prout scribit Michiels, « principium canonis valet de quibuslibet legibus ecclesiasticis dubiis » [quando nempe agitur de dubio iuris], et « in dubio facti, idest... quando propter motiva positiva obiective fundata invincibiliter incertum est num casus quidam concretus revera pertineat ad speciem casuum lege indubitanter ordinatam. »[65] Si ergo, ut ipse Cappello implicite concedit, possibile est ut, ante responsum de quo agitur, necessitas recurrendi ad S. Sedem per Legatum Romani Pontificis considerari poterat dubia, nescitur quomodo citata interpretatio authentica *mere declarativa* dicatur.[66]

Omnibus consideratis, duæ conclusiones hic proponendæ videntur :

1) Ante annum 1947 obligationem recursum instituendi per Legatum Romani Pontificis omnino dubiam fuisse videtur. Consequenter interpretatio authentica 26 iun. 1947 dicenda est saltem

[62] Can. 17, § 2.

[63] Michiels, *Normæ,* I, 489, sub a), vocat *declarativam* interpretationem authenticam legis in se certæ ; Cappello, « Annotationes », *Periodica,* XXXVI (1947), 347, n. 6, eandem interpretationem dicit *comprehensivam,* dum, e contra, vocat declarativam interpretationem legis dubiæ. Terminologia Michiels præferenda est, utpote clarior et magis iuri conformis.

[64] *Periodica,* loc. cit.

[65] *Normæ,* I, 423, n. 3, et 427, n. 1.

[66] Etiam Hannan, auctor casus « Dispensation in Urgent Case », *The Jurist,* VIII (1948), 225, interpretationem hanc vocat declarativam.

explicativa seu verba legis in se dubia explicans, et proinde non retrotrahitur.

2) Nullum hodie dubium quod clausula can. 81, « difficilis sit recursus ad S. Sedem, » amplius non verificatur si Ordinarius potest recurrere per Legatum Romani Pontificis. Nec ullius momenti practici est disputatio utrum Legatus hoc in casu sit medium ordinarium communicationis, annon, quia statutum positivum interpretationis authenticæ 26 iun. 1947 utraque in hypothesi obtinet.

ART. 7. — DE CAUSA REQUISITA PRO USU CAN. 81.

Cum facultas ordinaria, quæ in can. 81 continetur, non exerceatur iure et nomine proprio, dispensatio, quæ vi huius potestatis conceditur, sine iusta et rationabili causa facta illicita et invalida est. (Can. 84, § 1).

Etiam statutum can. 1054, nempe dispensationem a minore impedimento concessam nullo obreptionis sive subreptionis vitio irritari etsi unica causa finalis in precibus exposita falsa fuerit, non est ita construendum ut inferior dicatur valide dispensare sine causa. Canon iste, uti Reilly bene explicat, simpliciter dicit quod, si huiusmodi dispensatio concedatur dum dispensans falso putat causam revera adesse, dispensatio nihilominus valet.[67] Quidquid sit, can. 1054 vocari potest exceptio : manet ergo norma generalis can. 84, § 1, de necessitate causæ ad validitatem quando inferior legem Superioris relaxat.

Visum est paragraphum secundam can. 84 agere tantum de dubio sufficientiæ causæ.[68] Quid igitur faciendum in casu quo de *existentia* iustæ causæ dubitatur ? Potestne Ordinarius valide dispensare ? Quidam solutionem affirmativam proponunt ex verbis can. 15 : « in dubio facti potest Ordinarius in eis [legibus, etiam irritantibus et inhabilitantibus] dispensare, dummodo agatur de legibus in quibus Romanus Pontifex dispensare solet, » quia, uti dicunt, si inferior nequit dubium solvere, tunc potest dubiam causæ existentiam veluti

[67] *The General Norms of Dispensation*, p. 100.
[68] *Supra*, p. 24.

dubium facti considerare et validam proinde dispensationem concedere ad normam eiusdem can. 15.[69]

Hæc solutio minime placet, quia, salvo meliori iudicio, falso innititur fundamento. Dubia existentia causæ nequaquam dici potest dubium facti sensu can. 15. Inibi enim tota quæstio est an in casu determinato aliquid indigeat dispensatione vel non ; aliis verbis, dubitatur — dubio quidem positivo et probabili — utrum « factum, quod ad legis obligationem inducendam requiritur, positum sit, vel utrum facti circumstantiæ, a quibus legis obligatio pendet, habeantur,» annon.[70] In casu nostro, e contra, præsupponitur rem certo dispensatione indigere, at dubitatur utrum causa requisita ad dispensationem revera esistat, annon. Magna igitur differentia inter dubium facti, de quo in can. 15, et dubium de existentia causæ, de quo hoc in articulo. Quapropter Ordinarius, nisi dubium existentiæ causæ aliunde solvere valeat, dispensare nequit saltem ad liceitatem, quia, dubio permanente, periculo sese exponit concedendi invalidam dispensationem.[71]

Sententia Reilly aliorumque videtur insuper reiicienda reductione ad absurdum. Duplici exemplo illustratur :

a) Titius, dum mortis periculum non urget neque omnia parata sunt ad nuptias, matrimonium inire vult et dispensationem ab impedimentis, de quibus in can. 1043, ab Ordinario petit. Causa proportionate sufficiens certo existit, atque conditiones, de quibus in fine canonis 81, verificantur.

b) Caius, iisdem in adiunctis Titii, dispensationem petit. At dubitatur de existentia causæ, nec verificantur conditiones de quibus in fine canonis 81.

Ad a) respondendum est cum doctrina communi Ordinarium dispensare posse ad normam can. 81.[72] Ad b), iuxta Reilly aliosque,

[69] Reilly, *The General Norms of Dispensation*, p. 114 ; Cappello, *Summa Iuris Canonici*, I, n. 133, ad 10 ; Vromant, *Ius Missionariorum — Introductio et normæ generales* (Louvain, 1934), n. 200.

[70] Coronata, *Institutiones*, I, 31.

[71] Cfr. Van Hove, *De Dispensationibus*, n. 477.

[72] Cfr. Reponsum 27 iul. 1942 — *Supra*, p. 78.

respondendum esset Ordinarium dispensare posse vi canonis 15.[73] Quæ altera responsio videtur sustineri non posse. In casu enim Titii, qui certo habet causam ad dispensandum requisita, Ordinarius dispensare potest solummodo in adiunctis can. 81 ; dum, e contra, in casu Caii, qui incertam habet causam (intellige, incertam quoad existentiam) et recursum ad S. Sedem instituere posset, Ordinarius, iuxta sententiam modo citatam, solummodo de dubia existentia causæ certiorem reddere se debet, antequam dispenset ad normam can. 15. Verba Christi « Omni enim habenti dabitur, et abundabit »[74] omnino inverti videntur, ac si Dominus (vel Codex) dixisset « Ei autem qui non habet dabitur, et abundabit ! »

Reiecta igitur solutione de qua hucusque sermo factus est, atque exclusa opinione eorum qui dubium de existentia causæ dubio de sufficientia causæ assimilare conantur,[75] videre iuvabit an dispensatio facta ex causa dubie existenti valida esse possit, et quomodo.

Canones 15 et 84, § 2, non subveniunt ; nec videtur dari in Codice norma explicita hac de re. Ergo ex alio capite solutio quæstionis inquirenda est. In casu de quo agitur, idest probabiliter exstante dispensationis causa, ipsa dispensandi potestas dicenda est saltem probabilis probabilitate facti : ergo applicari potest can. 209 « in dubio positivo et probabili... facti iurisdictionem supplet Ecclesia

[73] « But, if he [the Ordinary] cannot resolve his doubt, he can regard the questionable existence of a cause as a doubt of fact and grant a valid dispensation on the strength of canon 15, which empowers ordinaries in a doubt of fact to relax any law which the Roman Pontiff is wont to relax. » — Reilly, *The General Norms of Dispensation*, p. 114 — Fortasse dicere quis potest Reilly noluisse, in casu urgenti et in dubio de existentia causæ, supplantare can. 81 per can. 15 ; sed potius docuisse quod, verificatis conditionibus can. 81, dispensans uti potest can. 15 ad dubium de existentia causæ amovendum. Aliis verbis, in adiunctis de quibus hucusque actum est, duo canones concurrere debent pro validitate dispensationis, scilicet cc. 15 et 81. Hæc interpretatio est fortasse iuxta mentem Reilly, uti et ego puto, sed, ni fallor, nullimode colligitur ex ipsis verbis cl. Auctoris, uti apparet ex paragrapho citata et ex aliis locis *op. cit.*, præsertim pp. 114-116. Scribit enim Ordinarium posse considerare dubiam existentiam causæ uti dubium facti et valide dispensare ad norman can. 15. Nunc, ut iam visum est, can. 15 statuit Ordinarios dispensare posse in dubio facti ab omnibus legibus in quibus Romanus Pontifex dispensare solet, nulla apposita conditione, utrum, scilicet, agatur de casu urgenti vel non, etc.

[74] Matth., XXV : 29.

[75] *Supra*, p. 24.

pro foro tum externo tum interno, » et proinde dispensatio ab Ordinario facta cum probabili potestate valida dicenda est, saltem post factum.[76] Patet quod si de dispensatione tractum habente successivum agitur, dispensatio cessat tempore quo certo constabit de non existentia causæ, iuxta principia generalia can. 86. Patet insuper quod can. 209 non concedit illimitatam facultatem relaxandi ius commune. Proinde, si agitur de facienda dispensatione a lege universali circa quam Ordinarius non gaudet facultate explicite vel implicite concessa, et habetur causa ex se certo sufficiens sed probabiliter tantum existens, atque agitur de « casu urgenti, » tunc dicendum est simul requiri canones 209 et 81 ad valide agendum : canone 209 suppletur dubiæ existentiæ causæ vel, melius, probabili iurisdictioni Ordinarii, et vi can. 81 conceditur dispensatio pro « casu urgenti. »

Causa existere debet *ante* dispensationem, ad validitatem. Ratio patet : efficacia potestatis inferioris relaxandi legem Superioris conditionata est existentiæ causæ iustæ et rationabilis, ex ipso iuris statuto (can. 84, § 1). Ergo si causa nondum existit tempore dispensationis, inferior caret elemento essentiali ad agendum.

Cognitio causæ ad liceitatem tantum requiritur, nisi hæc cognitio per modum clausulæ irritantis apponatur quando Superior inferiori dispensandi facultatem concedit. Dicitur requiri ad liceitatem, quia irrationabiliter ageret dispensans si nihil curaret sciendi qua ratione lex relaxatur. Attamen, supposita existentia causæ, cognitio non requiritur ad validitatem dispensationis : primo, quia de hoc nihil statuit ius positivum (cfr. cc. 80 et 84) ; secundo, quia, iuxta effatum Gaii, « plus valet quod in veritate est, quam quod in opinione. »[77]

De *sufficientia* causæ agit can. 84, § 1, ubi dicitur inferiorem illicite et invalide dispensare sine « iusta et rationabili causa, habita ratione gravitatis legis a qua dispensatur. » Sensu omnino latu, omnis causa sufficiens vocari potest gravis, quia leges Ecclesiæ universales graves sunt. Causæ tamen diversis designantur nominibus.[78] Sensu

[76] Cfr. Michiels, *Normæ*, II, 754.

[77] Inst. (2, 20) 11. — Cfr. etiam S.R.R., *Nullitatis matrimonii*, 10 aug. 1926, coram R.P.D. Maximo Massimi, Decano, Dec. XL, n. 10 — *S.R.R. Decisiones*, XVIII (1926), 322.

[78] *Supra*, p. 25.

stricto, sufficientia causæ mentienda est pro diversa legum natura ; patet enim non omnes leges eodem modo dirigi ad bonum commune assequendum. « Duo possumus in voluntate legislatoris considerare : unum est, quod velit legem ferre et per illam subditos obbligare ; aliud est, quod velit obligare ad hoc vel illud, ad hunc vel illum modum... Ex quibus primum commune est omni legi ; secundum autem pertinet quasi ad speciem, seu determinationem legis. »[79]

Huic speciei seu determinationi legis proportionanda est causa dispensationis. Aliis verbis, Ordinarius una ex parte perpendere debet materiam legis, an magis vel minus urgeat, circumstantias temporum et locorum aliaque adiuncta (præsertim periculum scandali), quæ obligationem legis plus minusve gravem efficere possunt ; alia deinde ex parte ponderare debet rationes seu causas, quæ pro dispensatione militant. Ordinarius igitur definire valet causam sufficientem esse ad dispensandum « si, perpensis peculiaribus circumstantiis, legis observantia (1) constitueret incommodum proportionate grave citra vel præter commune incommodum observantiæ legis proprium, aut (2) impediret aliquod proportionatum bonum quod ex legis relaxatione obvenire posset. »[80]

Manifestum est causam non requiri adeo gravem, ut excusationem a lege alicui caveret ; aliter dispensatio non esset necessaria.

Nisi causa peculiaris ad aliquam dispensationem determinatam a iure vel a Superiore nominatim statuatur, iudicium de sufficientia causæ prudenti Ordinarii arbitrio unice devolvitur. Causæ, quæ canonicæ vocantur, et quæ ex stylo et consuetudine Curiæ sufficientes habentur, dicendæ sunt constituere regulam tutam procedendi quando inferior dispensat ad normam can. 81. Etenim hisce in adiunctis agitur de dispensationibus quas S. Sedes et Ordinarii concurrenter concedere possunt,[81] et convenit ut inferior normas et iudicia Superioris sequatur. Verumtamen Ordinarius qui dispensat ad normam can. 81 alia ex causa sufficienti, quæ non sit una ex canonicis, valide agit,

[79] Suarez, *De Legibus*, Lib. III, cap. XX, n. 4.
[80] Reilly, *The General Norms of Dispensation*, p. 108.
[81] Cfr. Van Hove, *De Dispensationibus*, n. 455.

quia documenta S. Sedis causas canonicas enumerantia directiva videntur atque indices demonstrativos, non taxativos, continent.[82]

« Dispensatio in dubio de sufficientia causæ licite petitur et potest licite et valide concedi. » (Can. 84, § 2). Patet hanc positivam iuris dispositionem primo et directe latam fuisse ad omnes anxietates seu mentis trepidationes in petente et in dispensante amovendas. Patet etiam dispensationem semper valere, dummodo dubium, de quo loquitur canon, tempore concessionis revera existat, etsi post factum de insufficientia causæ constaret.[83]

SCHOLION — Van Hove, in commentario ad can. 84, § 2, scribit : « Proinde, iuxta principia can. 86, dispensatio quæ non habet tractum successivum firma manet ; quæ autem talem tractum habet amittitur certa et totali cessatione causæ motivæ. »[84] Ita docere videtur quod dispensatio facta in dubio de sufficientia causæ cessat, si tractum habeat successivum, quando certo detegitur causam omnino insufficientem fuisse.

Salva reverentia cl. Auctoris, videtur hoc in loco confusionem fieri inter existentiam et sufficientiam causæ. In paragrapho secunda can. 84 agitur de dubio sufficientiæ causæ ; in can. 86 vero sermo est de certa et totali cessatione causæ : quod existentiam respicit. Consequenter, in hoc altero casu, evidens est quod totaliter ablato fundamento quo consistit dispensatio, nempe cessante causa motiva, dispensatio ipsa corruit. E contra, si Ordinarius dispensat ad normam can. 84, § 2, dispensatio semper valere videtur, sive tractum habeat successivum sive non. Ratio est, quia ab initio ipso iure suppletur « probabili » insufficientiæ causæ, dummodo hæc causa dubie sufficiens revera existat, uti supra visum est ; proinde, etsi postea constiterit causam, de qua dubitabatur, revera insufficientem fuisse, hoc factum non est æquiparandum totali cessationi causæ motivæ : primo, quia partiale fundamentum dispensationis, idest causa insufficiens,

[82] *Supra*, p. 61. — Cfr. etiam Instruct. S.C. de Sacramentis, 1 aug. 1931 — *supra*, p. 76.
[83] Cfr. Van Hove, *De Dispensationibus*, n. 476 ; Michiels, *Normæ*, II, 753.
[84] *De Dispensationibus*, n. 476.

adhuc remanet et, secundo, quia adhuc manet pars sufficientiæ causæ quam ius supplevit et quæ constituit fundamentum adæquatum dispensationis.

Ergo melius esset dicere dispensationem, semel licite et valide factam in dubio de sufficientia causæ ad normam can. 84, § 2, semper in suo robore perdurare, etsi tractum habeat successivum.

CAPUT VI

COMMENTARIUM IN CANONEM 81

ART. I. — OBIECTUM DISPENSATIONIS :

« A generalibus Ecclesiæ legibus. »

Verba can. 81 in capite articuli citata determinatum et exclusivum obiectum, circa quod Ordinarius suam dispensandi facultatem vi ipsius canonis exercere valeat, specificant.[1] Proinde singillatim tractanda sunt.

1. « *Legibus.* » Lex a S. Thoma definita est « quædam rationis ordinatio ad bonum commune, ab eo qui curam communitatis habet promulgata ; »[2] et a Francisco Suarez : « commune præceptum, iustum ac stabile, sufficienter promulgatum. »[3] Recentiores definitionem Aquinatis generatim retinent ; quidam vero mutatis verbis eam proponunt, aliquod particulare elementum constitutivum legis clarius specificando. Reiffenstuel (1641-1703) perpetuitati obligationis iussi aut vetiti legis præcipue insistebat ;[4] et d'Annibale (1815-1892) præ oculis habuit imperium voluntatis, uti elementum essentiale constitutivum legis, necnon perpetuitatem.[5] Michiels, potius quam definitionem, descriptionem in qua lucide indicantur legis auctor, subiectum et forma proponit illis verbis : « Ordinatio obligatoria

[1] De dispensatione legum quas ipse Ordinarius condidit agit can. 80 ; et can. 82 norman tradit pro relaxandis legibus diœcesanis, Concilii provincialis vel plenarii.

[2] *Summa Theologica,* I, IIæ, q. 90, art. 4, in corp.

[3] *De Legibus,* Lib. I, cap. XII, n. 5. — In eodem capite cl. Auctor plures alias definitiones refert et perpendit.

[4] *Ius Canonicum Universum,* Lib. I, tit. II, n. 23 : « Recta agendarum ratio a publica potestate communitati denuntiata, cum voluntate eam perpetuo obligandi ad aliquid agendum vel omittendum. » — Hanc notionem retinet etiam Ferraris, *Bibliotheca,* sub voce « Lex », n. 11.

[5] « Iussum legitimi principis propter bonum subditorum, commune, perpetuum, sufficienter promulgatum. » — *Summula Theologiæ Moralis* (4ª ed., 3 voll., Romæ, 1896-1897), I, n. 160.

voluntatis rationabilis, ab eo qui communitatis ecclesiasticæ aliquatenus perfectæ curam habet, ad bonum commune stabiliter promovendum, communitati qua tali generaliter imposita, eique ex auctoritate publica promulgata. »[6]

Hæ definitiones quoad substantiam idem dicunt, præsertim si una cum elucidationibus ab unoquoque auctore propositis accipiuntur.

Notiones de forma, fine, promulgatione, cessatione, etc., legis omnibus innotescunt.[7] Lex dicitur etiam ius normativum, quod dividitur in naturale, positivum divinum, positivum humanum, sive civile sive ecclesiasticum.[8]

Denique, « legis virtus hæc est : imperare, vetare, permittere, punire. » Quæ sententia Modestini[9] clarius proponitur a modernis divisione legum in præcipientes, prohibentes, pœnales, inhabilitantes et irritantes.

2. « *Ecclesiæ.* » Norma I legis a Pio X pro *Commissionibus* ad canones redigendos, die 11 aprilis 1904 exaratæ, statuit « ut Codex eas tantummodo leges completeretur, quæ disciplinam spectant. Nihil tamen prohibebat, quominus in Codice principia quædam attingi possent aut deberent, quæ ad ius naturæ vel ad ipsam Fidem referrentur. »[10] Et iam antiquitus « sacri canones, » præter leges a Romanis Pontificibus Conciliisque œcumenicis latas, quasdam normas iuris divini positivi, quatenus consectaria etiam coram Ecclesia secum ferebant, et plura ex iure naturali, præsertim in materia iustitiæ

[6] *Normæ,* I, 154.

[7] Cfr. Wernz-Vidal, *Ius Canonicum ad Codicis norman exactum* (7 voll. in 8, Romæ, 1923-1938), I, tit. IV et V ; Vermeersch-Creusen, *Epitome Iuris Canonici,* I, tit. I, cap. 1 ; Lohmuller, *The Promulgation of Law,* The Catholic University of America Canon Law Studies, n. 241 (Washington, D.C. : The Catholic University of America Press, 1947) ; McCloskey, *The Subject of Ecclesiastical Law According to Canon 12 ;* Michiels, *Normæ,* I, tit. 1. — De differentia inter legem et præceptum, statutum, decretum, etc., cfr. Coronata, *Institutiones,* I, 15-16.

[8] Cfr. Van Hove, *Prolegomena* (Tom. I operis *Commentarium Lovaniense* iam citati, 2ª ed., Mechliniæ-Romæ : H. Dessain, 1945), pp. 28 ssq. ; Michiels, *Normæ,* I, 4 ssq.

[9] D. (1. 3) 7.

[10] *Præfatio Codicis I. C.* ab Emo Card. Gaspari conscripta.

commutitivæ, distributivæ vel legalis continebant. Unde dicitur Ecclesiam regi duplici iure, nempe iure divino positivo vel naturali et iure canonico positivo.[11]

Cum igitur in can. 81 de « legibus Ecclesiæ » sermo fit, vox Ecclesia dup'ici modo intelligenda est : primo, tamquam auctor, sensu omnino stricto, normarum iuris positivi humani quas ipsa, potestate propria, pro communi fidelium regimine condidit ; secundo, tamquam interpres iuris divini sive positivi sive naturalis quod ipsa, potestate vicaria, fidelibus in concreto proponit.

3. « *Generalibus.* » Hæc connotatio legibus adiecta omnino specifica est et necessaria : quasdam leges plane includit, alias excludit. Ratione ambitus lex dicitur *universalis* et *particularis,* prout universum orbem vel ad territorium determinatum extenditur. Vocatur autem *generalis* et *specialis,* prout omnes fideles vel peculiarem personarum cœtum afficit.[12]

At termini « generalis » et « universalis » unum idemque in praxi significant, et ipse Codex iisdem promiscue utitur.[13] Præterea lex appellatur generalis, tum si collective condita sit pro omnibus Ecclesiæ membris ubicumque terrarum existentibus, tum si distributive pro determinata categoria membrorum (puta pro religiosis), in universa Ecclesia sparsis data sit. Lex, adhuc generalis dicitur, quamvis pars societatis christianæ ab illa exempta maneat ad tempus vel in perpetuum, sive ratione privilegii vel indulti, sive ratione longioris vacationis legis aliquo in loco.

Quare vox « generalibus » (in can. 81) accipienda est prouti de illis legibus prædicata, quæ antiquis et hodiernis temporibus sub usitatissimo nomine « ius commune » veniebant et veniunt.[14]

Interpretatio authentica 26 ian. 1949 declarat vota Sedi Apostolicæ reservata non comprehendi sub verbis can. 81 « a generalibus

[11] Cfr. Van Hove, *Prolegomena*, 48 ssq.

[12] Cfr. Wernz-Vidal, *Ius Canonicum,* I, 156 ; Coronata, *Institutiones,* I, 16.

[13] E. g., in cc. 6, n. 1 ; 14, § 1, n. 3 ; 20 ; 22 ; 30 ; 1038, § 2; etc. — Cfr. Lauer, *Index verborum Codicis Iuris Canonici* (Romæ : Typis Polyglottis Vaticanis, 1941), sub vocibus « Universalis », « Generalis », « Lex».

[14] Cfr. Reiffenstuel, *Ius Canonicum Universum,* Prœmium, n. 249.

Ecclesiæ legibus, » et Ordinarios, vi ipsius canonis, dispensare subdiaconos et diaconos ab obligatione servandi sacrum cælibatum minime posse.[15] Quid vero de votis non reservatis et de iuramento, necnon de pœnis vindicativis latæ sententiæ ? Veniuntne sub verbis de quibus hucusque actum est ? Quæstio inferius tractabitur, in commentario ad verba can. 81 « dispensare nequeunt. »

Omnibus in præsenti articulo consideratis, concludi potest verba « a generalibus Ecclesiæ legibus » denotare imprimis canones in Codice Iuris Canonici promulgatos, quia inibi, iuxta voluntatem Romani Pontificis qui codificationem incœpit, contineri debebant « universæ Ecclesiæ leges, ad hæc usque tempora editæ, lucido ordine digestæ... amotis inde quæ abrogatæ essent aut obsoletæ, aliis, ubi opus fuisset, ad nostrorum temporum conditionem proprius aptatis. »[16] Non excluduntur tamen aliæ leges generales Ecclesiæ, si quæ sint, quamvis in Codice non contentæ.[17]

Legibus generalibus æquiparandæ sunt consuetudines universales vim legis habentes ad normam cc. 25-30. Proinde etiam consuetudines universales sub verbis hucusque tractatis includuntur, et ab iisdem Ordinarius dispensare valet tantum intra fines potestatis concessæ a can. 81.

Ergo, sensu magis proprio, dicendum est « leges generales Ecclesiæ » idem esse ac « Ius canonicum, » quod definitur « complexus legum a legitima auctoritate ecclesiastica promanantium, i.e., ab ea constitutarum, propositarum vel approbatarum, quibus omnium personarum Ecclesiam constituentium iura atque officia determinantur et ordinantur, ut societas ecclesiastica in suo esse sociali conservetur et ad finem suum socialem dirigatur. »[18]

[15] *Supra*, p. 78.
[16] Pius X, Litt. *Arduum sane munus*, 19 mart. 1904, in Præfatione Codicis ab Emo Card. Gasparri citatæ.
[17] E. g., *Motu proprio* Pii PP. XII, 1 aug. 1948, cum quo abrogatur alterum comma paragraphi secundæ can. 1099 — *AAS*, XL (1948), 305. — Iura pro Ecclesia universali Romanus Pontifex quocumque tempore condere valet, sive per se, sive in Concilio œcumenico. De *decretis generalibus* SS. Romanarum Congregationum, vide quæ statuta sunt in *Motu Proprio* Benedicti XV, 15 sept. 1917 — *AAS*, IX (1917), 483, sub II et III ; aut initio editionum Codicis Iuris Canonici.
[18] Michiels, *Normæ*, I, 11.

SCHOLION. — Sunt quædam leges quæ generales vel universales dici nequeunt, quia in particulari territorio tantum vigent ; attamen a Romano Pontifice speciatim manant, et proinde peculiares simul et pontificiæ sunt. De illis can. 82 statuit : « Episcopi aliique locorum Ordinarii dispensare [non valent]... in legibus quas speciatim tulerit Romanus Pontifex pro illo peculiari territorio, nisi ad normam can. 81. » In praxi proinde æquiparantur legibus generalibus quoad facultatem dispensandi : sunt enim leges Superioris.

Cicognani-Staffa addunt : « Idem dicendum est de legibus particularibus a Romano Pontifice in forma specifica confirmatis et, quamvis textus loquatur de legibus quas speciatim tulerit Romanus Pontifex, idem tenendum est etiam de legibus latis a Sacris Congregationibus pro aliquo territorio peculiari, sive quia ab auctoritate superiore procedunt sive quia ab ipso Romano Pontifice hæ leges approbari solent. »[19] Coronata aliter opinatur : « Cum hic excipiantur leges *speciatim* a Romano Pontifice latæ, et non latæ a S. Sede, non videntur exceptione comprehendi leges particulares per particularia decreta SS. Congregationum latæ, licet specialiter a R. Pontifice approbatæ, licet enim tales leges vim legis pontificiæ vi specialis approbationis obtineant, tamen leges *speciatim a Romano Pontifice* latæ simpliciter dici nequeunt. »[20]

Argumentum Coronata non videtur sufficere ad probandum dispensationes ab huiusmodi legibus esse intra Ordinariorum competentiam. Imprimis notandum est quod principium in can. 80 implicite contentum, « Lex Superioris per inferiorem tolli nequit, nisi huic ille facultatem concesserit, » regit omnem disciplinam de dispensatione. Lex SS. Congregationum est revera lex Superioris ; deinde notum est SS. Congregationes nihil extraordinarium agere inscio Summo Pontifice,[21] atque particulares leges alicui territorio datæ sunt aliquid extraordinarium, quia territoria ordinarie iure communi reguntur.

[19] *Commentarium*, II, 600.

[20] *Institutiones*, I, 124, nota 1.

[21] Cfr. can. 244, et Motu Proprio, *Cum Iuris canonici Codicem*, 15 sept. 1917, (initio Codicis).

Congregationes Romanæ ergo potestate vicaria in legibus condendis agunt, scilicet nomine et auctoritate Romani Pontificis.[22]

Concludi igitur potest quod lex particularis a SS. Congregationibus alicui territorio data analogice vocari potest lex quam speciatim tulerit Romanus Pontifex pro illo territorio, et proinde Ordinarius ab illa dispensare nequit, nisi ad normam can. 81.[23]

ART. 2. — AUCTOR DISPENSATIONIS :
« *Ordinarii infra Romanum Pontificem.* »

Hæc canonis particula statuit generali modo quinam sint inferiores quibus facultas dispensandi in lege Superioris tribuitur in adiunctis ab eodem canone specificatis. Cum can. 198, § 1, interpretationem authenticam vocis *Ordinarii* tradat, hic ex integro refertur :

> « In iure nomine *Ordinarii* intelliguntur, nisi quis expresse excipiatur, præter Romanum Pontificem, pro suo quisque territorio Episcopus residentialis, Abbas vel Prælatus *nullius* eorumque Vicarius Generalis, Administrator, Vicarius et Præfectus Apostolicus, itemque ii qui prædictis deficientibus interim ex iuris præscripto aut ex probatis constitutionibus succedunt in regimine, pro suis vero subditis Superiores maiores in religionibus clericalibus exemptis. »

Utile videtur quædam de hoc canone dicere.

a) Ordinarii « pro suo quisque territorio » vocantur Ordinarii *loci* seu *locorum*.[24] Superior Missionis *sui iuris* inter Ordinarios adnumerandus est, ex declaratione S. C. de Propaganda Fide, 31 aug.

[22] Cfr. Pius X, const. *Sapienti consilio,* 29 iun. 1908 — *AAS*, I (1909), 7-9 ; Wernz-Vidal, *Ius Canonicum,* I, 165.

[23] Præter Cicognani-Staffa, iam citatis, idem sentium Augustine, *A Commentary on the New Code of Canon Law* (4ª ed., 8 voll., St. Louis : B. Herder, 1920-1931), I, 178 (deinceps citabitur *Commentarium*) ; Blat, *Commentarium Textus Codicis Iuris Canonici,* I, 153 ; Reilly, *The General Norms of Dispensation,* pp. 91-92.

[24] Can. 198, § 2.

1934.[25] Eadem S. Congregatio declaravit Vicarios et Præfectos Apostolicos ius habere sibi eligendi Vicarium Delegatum, ad instar Vicarii Generalis, eique omnia in praxi competere quæ a iure Vicario Generali diœcesis competunt.[26] Idem facere valent Superiores Missionum *sui iuris*.[27] Notandum est quod Vicarius Delegatus, quamvis hoc nomine designetur, iurisdictione ordinaria gaudet.[28]

b) « Qui prædictis deficientibus interim ex iuris præscripto aut ex probatis constitutionibus succedunt in regimine » sunt præcipue Capitulum cathedrale, abbatiale vel prælatitium, Cœtus consultorum, Vicarius capitularis, Provicarius et Propræfectus in Vicariatu et Præfectura Missionum,[29] necnon qui ex iuris specialis præscripto succedunt in Prælaturis *nullius* vel abbatialibus.

c) « Nisi quis expresse excipiatur. » Codex aliquando iurisdictionem quorundam Ordinariorum aliqua in re restringit. Huiusmodi exceptiones, quæ semper probari debent ab eo qui affirmat, aliquando directe ex iuris textu colliguntur, quando nempe canon explicite dicit aliquem non venire nomine Ordinarii aut iurisdictionem reservari aliquo in casu ;[30] interdum vero indirecte apparent, quando scilicet canon iurisdictionem in rem solummodo certis Ordinariis tribuit, aliis exclusis.[31]

Superiores maiores religionum clericalium exemptarum iurisdictionem in suos subditos tantum habent. Inde, quamvis Codex pluries nomine Ordinarii, nulla facta specificatione, utatur,[32] ex ipsa rei natura quis colligere potest utrum de Ordinario loci vel de Superiore

[25] Cfr. Bouscaren, *Canon Law Digest*, II, 121-122 ; *Sylloge præcipuorum documentorum Summorum Pontificum et S. Congregationis de Propaganda Fide, necnon aliarum SS. Congregationum Romanarum ad usum Missionariorum* (Romæ : Typis Polyglottis Vaticanis, 1939), n. 187 (deinceps citabitur *Sylloge*).

[26] S.C. de Prop. Fide, 8 dec. 1919 — *AAS*, XII 1920), 120. Cfr. Bouscaren, *Canon Law Digest*, I, 144.

[27] S.C. de Prop. Fide, 7 nov. 1929 — *Sylloge*, n. 146. Cfr. Bouscaren, *Canon Law Digest*, II, 75-76.

[28] S.C. de Prop. Fide, 16 nov. 1937 — Bouscaren, *Canon Law Digest, Supplement Through 1948*, p. 44.

[29] Cfr. cc. 309 ; 317 ; 327 ; 366, § 3 ; 429 ; 431.

[30] E.g., cc. 2002 ; 2253, n. 3.

[31] E.g., cc. 1261, §§ et 2 ; 1999, § 3.

[32] E.g., can. 1023, § 1.

maiori agatur.[33] Dicendum est tamen normam modo traditam minime excludere omnem perplexitatem circa interpretationem quorundam canonum.[34]

Casus celeberrimus habetur in can. 1245, § 2, ubi legitur : « Ordinarii, ex causa peculiari magni populi concursus aut publicæ valetudinis, possunt totam quoque diœcesim seu locum a ieiunio et ab abstinentia vel etiam ab utraque simul lege dispensare. » Scriptores de re canonica acriter disputant utrum Superiores maiores possint hisce in adiunctis dispensare, annon. Quidam negant, præsertim canonis contextu innixi, in quo de « diœcesi » vel « loco » et de magno populi concursu sermo fit ; et etiam ratione extrinseca fontium ad calcem huius canonis appositarum,[35] quæ solummodo documenta Ordinariis *locorum* missa referunt.[36] Alii affirmant, imprimis textu canonis innixi, quia inibi vox « Ordinarii » sic et simpliciter invenitur, quin modificetur verbo *loci* aut *locorum ;* insuper in prima parte eiusdem canonis de Ordinariis *locorum* sermo est, et in fine Ordinarii religiosorum explicite includuntur ;[37] si ergo legislator Superiores maiores a facultate in paragrapho secunda concessa excludere volebat, hoc explicite potuisset et debuisset dicere.[38]

[33] Cfr. Keene, *Religious Ordinaries and Canon 198,* The Catholic University of America Canon Law Studies, n. 135 (Washington, D.C. : The Catholic University of America Press, 1942), pp. 5-6. — Auctor iste studuit canonibus in quibus nomine Ordinarii designantur etiam Ordinarii religiosorum (158 canones), et canonibus in quibus Superiores maiores non veniunt sub voce Ordinarii (195 canones), eo quod exclusivo modo Ordinarii *locorum* istis in canonibus designantur. — *Op. cit.,* pp. 8-14.

[34] Dubitatum est an sub nomine *Ordinarii* in can. 883, § 1, venirent etiam Superiores maiores religionum clericalium exemptarum. Pontificia Commissio ad Codicis canones authentice interpretandos, die 30 iul. 1934, respondit : « Negative. » — *AAS,* XXVI (1934), 494 ; Bouscaren, *Canon Law Digest,* II, 218.

[35] Cfr. *Fontes,* nn. 308, 314, 1172, 4362.

[36] Cfr. Claeys Bouuært-Simenon, *Manuale,* I, 135 ; Woywod-Smith, *A Practical Commentary,* II, 56 ; Idem, « Law of the Code on Sacred Seasons », *Homiletic and Pastoral Review,* XXVI (1926), 81, 946-954 ; et alii.

[37] Can. 1245, §§ 1 et 3.

[38] Cfr. Augustine, *Commentary,* VI, 167 ; Fanfani, *De iure Religiosorum ad normam Codicis Iuris Canonici* (2ª ed., Augustæ Taurinorum, 1925). p. 69 ; Keene, *Religious Ordinaries and Canon 198,* pp. 86-87 ; Wernz-Vidal, *Ius Canonicum,* III, 111-112, qui firmiter propugnant sententiam favorabilem et, inter alias rationes, argumentum probativum ex const. Pii V *Romani Pontificis,* 21 iul. 1571, desumunt.

Omnibus perpensis, argumenta ab utraque parte allata æqualiter valida apparent ; ergo utraque sententia vere probabilis dicenda est. Quæstio tamen, ni fallor, videtur magis theoretica quam practica, quia in praxi Ordinarius *loci*, ex causa publicæ valetudinis, solet totam diœcesim seu locum dispensare, et religiosi qui illo in territorio commorantur una cum aliis fidelibus dispensati manent, quin necesse habeant ad suum Ordinarium recurrendi.[39] Ex hoc tamen non est inferendum Superiores maiores non posse, independenter ab Ordinario *loci*, suos subditos dispensare in adiunctis can. 1245, § 2, iuxta sententiam vere probabilem. Supra dictum est restrictionem iurisdictionis alicuius Ordinarii probandam esse ex ipso iure,[40] et hoc in casu, salva interpretatione authentica Commissionis Codicis quæ adhuc desideratur, exclusio Superiorum maiorum satis probata minime est.

Can. 488, n. 8, enumerationem eorum, qui nomine Superiorum maiorum veniunt, continet. Sunt :

> « Abbas Primas, Abbas Superior Congregationis monasticæ, Abbas monasterii sui iuris, licet ad monasticam Congregationem pertinentis, supremus religionis Moderator, Superior provincialis, eorundem vicarii aliique ad instar provincialium potestatem habentes. »

Omnes isti *Ordinarii* sunt quando præsunt sodalibus religionis clericalis exemptæ.[41]

1) « Abbas Primas » est ille qui præest confœderationi Benedictinorum nigrorum.[42]

2) « Abbas Superior congregationis monasticæ, » sicut et præcedens, nomine Superioris maioris venit, sed iurisdictio eius a iure communi et particulari limitatur.[43]

[39] Cfr. can. 620 ; Moccheggiani, *Iurisprudentia Ecclesiastica* (3 voll., Quaracchi, 1904-1905), II, nn. 75 ssq.

[40] Cfr. can. 198, § 1.

[41] Cfr. can. 198, § 1. — Nomine *exemptorum* veniunt sodales, qui vota nuncupant in religione votorum sive sollemnium sive simplicium, a iurisdictione Ordinarii *loci* subducti. — Cfr. can. 488, n. 2.

[42] Cfr. can. 501, § 3, ubi de finibus potestatis Abbatis Primatis sermo est.

[43] Cfr. cc. 501, § 3 ; 510 ; 516, § 1 ; 655, § 1 ; 1594, § 4. — Cfr. etiam Schæfer, *De Religiosis*, n. 597, ubi referuntur varia nomina quibus Abbas iste nuncupatur.

3) Abbati monasterii *sui iuris* æquiparandus est Superior monasterii *sui iuris,* quamvis nomine Abbatis non decoretur, in religionibus quæ dignitatem abbatialem non admittunt, v.g., apud Camaldulenses, Carthusianos aliosque.[44]

4) « Supremus religionis Moderator » et « Superior provincialis » ii sunt qui respective præsunt omnibus sodalibus religionis exemptæ centralizatæ vel eiusdem religionis parti quæ iuridice personam moralem distinctam efformant, et quæ generatim Provincia vocatur.[45]

5) Visitatores interdum sunt Superiores maiores ad normam iuris, sequentibus factis distinctionibus : « (a) Si agatur de iis Visitatoribus, qui quandoque in Religionibus hierarchicis extra tempus etiam visitationis habitualiter ordinariam potestatem ex vi officii sive proprio sive alieno (idest, nomine et auctoritate Superioris maioris) nomine exercent in aliqua Religionis parte, sunt Superiores maiores, et si præsunt Domibus quæ immediate ipsius Religionis partem efformant (cfr. can. 488, n. 6), sunt Provinciales ; si præficiuntur Domibus, quæ ad Provinciam iam constitutam pertinent vel adhuc in Provinciam redactæ non sunt, habent ad instar Provincialium potestatem (Commissarii, Vice-Provinciales, Quasi-provinciales, Vicarii Missionum, Custodes etiam appellati). (b) Si agatur de Visitatoribus qui, nomine vel commissione supremi vel maioris Capituli vel Superioris, visitationem canonicam proprie dictam in Domibus, Provinciis aut in tota Religione perficiunt, ita ut absoluta visitatione nullam iam potestatem retineant, non sunt Superiores maiores, si sint tantum delegati ; si autem habeant potestatem ordinariam saltem vicariam ita ut, facta nominatione, ex officio potestatem habeant, Superiores habendi sunt, quatenus Vicarii sunt eorum qui proprio nomine tales dicuntur (cfr. can. 488, n. 8). Eorum autem potestas non ad omnia

[44] Cfr. Larraona, « Commentarium Codicis : Canon 488, » *Commentarium pro Religiosis* [CpR], IV (1923), 41, ubi dicitur hoc confirmari duobus Responsionibus Commissionis Codicis forma privata datis.

[45] Religio centralizata illa dicitur, quæ quandam imitationem hierarchiæ ecclesiasticæ præ se fert. — Cfr. Schæfer, *De Religiosis,* n. 212. Cfr. etiam n. 428, *op. cit.,* de nominibus quibus supremi Moderatores et Superiores provinciales veniunt.

extenditur quæ Superioribus maioribus competunt, sed ad id quod in mandato generali et speciali continetur. (c) Si agatur de Visitatoribus in Religionibus monasticis, hi ex iure communi tempore visitationis dumtaxat, non extra visitationem, Superiores maiores haberi possunt. Visitatores monastici, qui munus permanens et liberum a visitatione habent, pollent ea auctoritate quæ sumitur ex iure particulari ; si sint Vicarii Abbatis generalis et ex officio habeant aliquid de iis, quæ vi Codicis et Constitutionum Abbati generali competere possunt et stricte personalia non sunt, sunt Superiores maiores (cfr. can. 488, n. 8) ; si iurisdictionem strictam possident, ex qua Abbatum localium potestas quavis ratione limitatur, id ex iure privilegiato venit, quod probari et, cum iuri communi sit contrarium, strictam interpretationem recipere debet. »[46]

Visitator ad ipsam religionem pertinere debet, ut Superior maior dici queat.[47]

6) « Eorundem vicarii. » Notandum imprimis quod non omnes vicarii veniunt nomine Superiorum maiorum, sed tantum hi qui potestate ordinaria, licet vicaria, gaudent. Excluduntur ergo qui meram potestatem delegatam habent. [48] Quinam vero sint Vicarii et quibus in adiunctis actu auctoritatem exerceant, diiudicandum est ex Constitutionibus seu Statutis singularum Religionum.

7) « Aliive ad instar Provincialium » sunt qui quasi-provinciæ, Commissariatui, Vicariatui missionum, et similibus præsunt. Non vocantur Superiores provinciales, quia personæ morales aut territoria quibus præsunt adhuc in Provinciam vel Missionem iuridice erecta non sunt. Tamen potestate ordinaria in suos subditos gaudent, ad normam iuris et Constitutionum.[49]

Verba « eorundem vicarii, » quæ superius in n. 8 can. 488 inveniuntur, in fine eiusdem canonis desiderantur. Attamen prædi-

[46] Schæfer, *De Religiosis* n, 433, qui transcribit doctrinam Larraona ex *CpR*, IV (1923), 30-32 et 81.

[47] Cfr. Larraona, « Commentarium Codicis : Canon 488, » *CpR*, IV (1923), 46, nota 313.

[48] Cfr. Janssens, « Le Vicaire du Supérieur Général, » *Revue des Communautés Religieuses*, II (1926), 93-94.

[49] Cfr. Schæfer, *De Religiosis*, p. 193, nota 9.

canda videntur etiam de vicarii eorum « ad instar Provincialium » potestatem habentium, ex analogia iuris (cfr. can. 20). [50]

SCHOLION. — An Superiores maiores religionum clericalium non exemptarum sub nomine *Ordinarii* quodammodo venire possint ?

Littera Codicis in can. 198, § 1, « pro suis vero subditis Superiores maiores in religionibus clericalibus exemptis, » una cum can. 488, n. 8, conlata, certo responsioni negativæ favet. Quidam auctores vero, qui post Codicem scripserunt, putant sententiam affirmativam vere probabilem esse et solido fundamento iuridico inniti.

Clarus canonista Larraona sic argumentatur : « In Codice plura adsunt, explicita aut implicita, in quibus non difficulter solidum fundamentum inveniri potest *partialis æquiparationis* inter Superiores maiores Religionum clericalium exemptarum, qua ipsi Ordinarii sunt, et Superiores maiores Congregationum clericalium non exemptarum. » De facto hæ Congregationes a iurisdictione Ordinarii *loci* quoad regimen internum et disciplinam, exceptis casibus a iure expressis, exemptæ sunt.[51] Sententiam suam corroborat Larraona consideratione quorundam canonum Codicis, ubi vox *Ordinarius* invenitur. « Ait can. 51 : 'Rescriptum Sedis Apostolicæ in quo nullus datur exsecutor tunc tantum debet *Ordinario* impetrantis præsentari, cum id in eisdem litteris præcipitur, aut de rebus agitur publicis, aut comprobare conditiones quasdam oportet.' In rescriptis religiosis Congregationum clericalium concessis, quoad vitam reeligiosam, locum obtinet *Ordinarii* Superior maior, cui hac in re plane sui subditi subsunt, excluso Ordinario loci. »[52]

Ergo dicendum est, ex principiis iuris et rationis, potestatem circa ea quæ regimen œconomicum seu ea quæ tangunt ius religiosorum qua religiosi Superioribus maioribus religionum clericalium non

[50] Cfr. Larraona, « Commentarium Codicis : Canon 488, « *CpR*, IV (1923), 45.

[51] Cfr. can. 618, § 2, nn. 1 et 2. — Codex non utitur voce « exemptio » ad hæc privilegia denotanda, sed clare patet illa veri nominis exemptiones, et quidem a iure facta, esse.

[52] « Quæstio canonica, » *CpR*, IV (1923), 116 et 118. — Eodem in articulo laudatus auctor interpretationi quatuor aliorum canonum studet, nempe cc. 5 ; 47 ; 66, § 2 ; 78, et ad eandem conclusionem pervenit.

exemptarum, tamquam Ordinariis ex analogia (can. 20), tribuendam esse. Proinde potestas dispensandi a legibus quæ regimen, disciplinam et œconomicam administrationem spectant, iisdem Superioribus, saltem probabiliter, competit.[53]

Cum Larraona idem sentiunt Regatillo,[54] Miguélez-Alonso-Cabreros,[55] Gutiérrez (iam citatus) et Cicognani-Staffa.[56] Negant vero Vermeersch-Creusen[57] et Van Hove, qui præcipue littera Codicis innititur et ait : « Silentio legis non est supplendum, si quidem dispositio legalis non deficit, sed tantum dispositio melius accomodata conditioni iuridicæ harum Congregationum [non exemptarum]. »[58]

In conclusione, sententia affirmativa magis placet, eo quod favorabilis et solide probabilis sit, quia — ut scribit Staffa — « etsi negantibus favere videatur littera legis, certe non favet logica iuris. Normas a Codice circa hoc traditas haud perfectas censemus, ipsiusque defectui supplendum alia norma quæ Superioribus maioribus Religionum clericalium iuris pontificii, etsi exemptionis privilegio non gaudeant, facultatem tribuat dispensandi relate ad ea in quibus ab Ordinario loci exempti sunt. »[59]

Hoc theoretice loquendo scribitur. In praxi autem, ni fallor, expectanda videtur interpretatio authentica vel nova legislatoris norma hac de re, antequam tuto procedi possit ad huiusmodi dispensationes faciendas.

ART. 3. — «DISPENSARE NEQUEUNT, NE IN CASU QUIDEM PECULIARI.»

Visum est remissionem pœnæ vindicativæ, necnon relaxationes a votis et iuramento, atque dissolutionem matrimonii rati et non

[53] Cfr. Larraona, « De potestate dominativa publica in iure canonico, » in *Acta Congressus Iuridici Internationalis* (5 voll., Romæ, 1935-1937), IV, 171 ; Gutierrez, « De recursu ad S. Sedem per Legatum Romani Pontificis, » *CpRM*, XXVII (1948), 33.

[54] *Institutiones Iuris Canonici*, I, n. 176.

[55] *Codigo de Derecho Canonico* (Madrid : Biblioteca de Autores Cristianos, 1945), nota ad can. 81.

[56] *Commentarium*, II, 595.

[57] *Epitome Iuris Canonici*, I (6ª ed., 1937), 429, nota 1.

[58] Van Hove, *De Dispensationibus*, n. 399.

[59] Cicognani-Staffa, *Commentarium*, II, 596.

consummati dispensationes stricto sensu, ad normam definitionis a can. 80 traditæ, dicendas non esse.[60] Codex tamen indiscriminatim utitur vocibus « dispensatio » et « dispensare, » tum in casibus modo citatis, tum quando de relaxatione legis (stricto sensu) in casu particulari agit.[61]

« Iuridica usurpatio vocis *dispensatio* » — uti bene notat Roelker — « hodierno die ad conceptum liberationis fere penitus reducenda est. Hæc liberatio est liberatio a vinculo, quod per legem, contractum vel pœnam constitutum dicitur. »[62] Ergo in can. 81 verbum « dispensare » sensu omnino lato accipiendum est, nempe de relaxatione vinculi legis, contractus vel pœnæ.

A. « Dispensare nequeunt. » Norma generalis de incompetentia inferioris circa dispensationes a lege Superioris hic forma negativa continetur. Si modo affirmativo dixisset : « A generalibus Ecclesiæ legibus Ordinarii infra Romanum Pontificem dispensare possunt solummodo quando hæc potestas eisdem fuerit explicite vel implicite concessa, etc. » fortasse dubitare quidam possent utrum concessio explicita vel implicita, difficilis recursus et aliæ conditiones can. 81, constituerent elenchum taxativum casuum in quibus Ordinarii dispensare possent, an vero dispensatio licita esset ubicumque non prohibebatur. Hoc revera accidit quando doctrina iuridica de hoc instituto adhuc non erat clare determinata sicuti nunc est.[63]

Forma negativa, e contra, prouti efficacior et magis determinata, omnem aufert ambiguitatem et dubitationem hac in re. Principium igitur manet, « Lex Superioris per inferiorem tolli non potest ; »[64] deinde exceptiones ipso iure firmantur illis verbis, « nisi hæc potestas, etc. »

[60] *Supra,* pp. 11-12.

[61] Cfr. *Index analytico-alphabeticus,* ad calcem editionum Codicis appositus, s.v. « Dispensatio ».

[62] « The Use of the Term "Dispensatio" in the Code of Canon Law, » *The Jurist,* X (1950), 139. — Cfr. totum articulum citatum, *ibid.,* pp. 138-151.

[63] *Supra,* pp. 45-47.

[64] C. 2, *de electione et electi potestate,* I, 3, in Clem.

B. « Ne in casu quidem peculiari. » « Distingui debet casus *peculiaris* (c. 81), seu *particularis* (c. 291, § 2), seu *singularis* (c. 1245, § 1), qui circumscriptus est ad personas in individuo determinantas, propter unam causam in unoquoque existentem, etiam cum tractu successivo. Huic opponitur dispensatio *in casu speciali concessa* (c. 1245, § 2) omnibus membris alicuius communitatis, loci vel diœcesis, quatenus sunt membra communitatis, independenter ergo a facto utrum causa dispensationis in unoquoque verificetur necne. »[65] Casus igitur peculiaris haberetur si Ordinarius singulam personam, ad unicum actum, pro casu determinato dispensare vellet. Hoc expressis verbis canon vetat. A fortiori, consequitur Ordinarium incompetentem esse ad dispensandum in casu generali, puta si de tota communitate (diœcesana vel religiosa) ageretur.[66]

Auctores, præsertim Moralistæ, qui ante Codicem scripserunt, fere unanimiter docebant Episcopos relaxare posse legem communem in casibus frequenter occurrentibus, vel levioribus aut fere quotidianis, ex tacita concessione Superioris aut ex necessitate tribuendi hanc potestatem Episcopis qui bonum et ordinatum regimen suarum diœcesium curare debebant.[67]

At facultas præsumpta in materia dispensationum a Codice minime admittitur.[68] Quare doctrina supra memorata hodie prorsus reiicienda videtur. Primo, quia can. 81 taxative enumerat fontes iurisdictionis Ordinariorum circa relaxationes a legibus generalibus ; secundo, quia canon explicite statuit Ordinarium dispensare non posse « ne in casu quidem peculiari » ; tertio, quia Codice provisum est casibus frequenter occurrentibus, e.g., temporibus sacris (can. 1245). In levioribus autem, vel adest tanta causa quæ per se a legis observantia excuset, vel habentur peculiares conditiones in fine can. 81 specificatæ, et tunc facultas inibi concessa sufficit.[69]

[65] Brys, *Tractatus de Legibus* (Brugis : C. Beyært, 1942), p. 103, nota 13.

[66] Cfr. Reilly, *The General Norms of Dispensation*, p. 65 ; Van Hove, *De Dispensationibus*, n. 407.

[67] *Supra*, p. 54.

[68] Cfr. Reilly, *The General Norms of Dispensation* pp. 71-72.

[69] Cfr. Michiels, *Normæ*, II, 716.

ART. 4. « NISI HÆC POTESTAS FUERIT EXPLICITE VEL IMPLICITE CONCESSA.»

Fons primus potestatis inferioris est ipsius Superioris concessio. Per se enim Ordinarius nihil potest in relaxandis legibus generalibus, quia ab ipso non procedunt et proinde extra illius competentiam sunt. Superior vero, cui regimen totius Ecclesiæ commissum est et bono fidelium consulere competit, valet per alium facere quod potest facere per seipsum,[70] ad facilius providendum bono et saluti Christifidelium per orbem dispersos. Hoc dicitur potestatem dispensandi concedere, et explicite et implicite fieri potest.

Explicita concessio habetur quando facultas claris verbis seu expresso tenore legis aut indulti, necnon certis manifestisque aut æquipollentibus signis exprimitur.[71] Dicitur « expresso tenore legis aut indulti, » quia facultas hæc habetur vel a iure vel ab homine. In Codice explicita dispensandi facultas ex ipsa textus canonum lectione indubitanter facta apparet, v.g., in cc. 15 ; 131, § 3 ; 459, § 3, n. 3 ; 972 ; 978, § 2 ; 990, § 1 ; 998, § 1 ; 1028 ; 1030, § 2 ; 1043 ; 1045 ; 1245 ; 1313, § 1 ; 1320 ; 1402, § 1 ; 2237 ; 2375. Necesse non est hisce canonibus singillatim hic studere, sed quædam de can. 978, § 2, dicere hic licet.

Reilly tenet dispensationem necessariam non esse in casu canonis modo citati, quia obligatio legis interstitiorum cessat momento quo, iudicio Episcopi, necessitas vel utilitas Ecclesiæ aliud exposcat. Aliis verbis, lex conditionate, non absolute, præcipit.[72]

Huic opinioni Reilly non videtur subscribendum esse. Interstitia enim inter ordines maiores explicite a Codice præscribuntur in can.

[70] Reg. 68, R.J., in VI°.

[71] Cfr. Reilly, *The General Norms of Dispensation*, p. 66 ; Restrepo Uribe, *De Episcoporum ordinaria dispensandi facultate*, p. 126 ; Coronata, *Institutiones*, I, 122, nota 6 ; Brys, « De potestate Episcoporum dispensandi in legibus Ecclesiæ generalibus, » *Collationes Brugenses*, XXIX (1929), 145 ; Idem, *Tractatus de Legibus*, p. 107 ; Van Hove, *De Dispensationibus*, nn. 403-405 ; Michiels, *Normæ*, II, 707-708.

[72] « The obligation of observing the interstices between the reception of the various orders ceases as soon as, in the judgment of the bishop, necessity or the utility of the Church calls for a curtailment of the usual intervals. » — *The General Norms of Dispensation*, p. 71.

978, § 1, et quidem pro omnibus ordinandis. Quæ vero in secunda paragrapho eiusdem canonis adduntur, idest « nisi necessitas aut utilitas Ecclesiæ, iudicio Episcopi, aliud exposcat, » potius causam ob quam aliquis dispensari valeat quam conditionem huic legi appositam exprimunt. Ergo dicendum est expressam dispensandi facultatem hoc in canone contineri.[73] Probatur etiam ex praxi communi petendi ab Episcopo *dispensationem* ab interstitiis, v.g., in casu Religiosorum qui ad ordines promovendi sunt.

Sub clausula « nisi hæc potestas eisdem fuerit explicite... concessa » veniunt Facultates, quæ ad quinquennium vel ad aliud temporis spatium aut pro certo numero casuum a Sede Apostolica Ordinariis conceduntur. Quædam de istis notanda sunt. Facultates huiusmodi sunt delegatio iurisdictionis, et proinde quoad subdelegationem et usum earum standum est normis in cc. 199 ssq. statutis, necnon clausulis ipsi indulto concessionis appositis. Insuper hæ Facultates sunt privilegiis præter ius accensendæ (can. 66, § 1) : proinde tum ipsa facultas, tum dispensatio per eam facta non est amplianda aut restringenda (can. 67).[74]

Implicita concessio illa dicitur quæ, quamvis non expressis verbis data, verumtamen logice et necessario aliam concessionem explicitam consequitur, utpote huic intime connexa ; aut ex contextu verborum, non primo et immediate, sed legitima ratiocinatione desumi potest.

Antiquitus clausula « nisi fuerit misericorditer dispensatum » aut « donec dispensetur, » et similes formæ impersonales loquendi, communiter accipiebantur uti implicita concessio potestatis dispensandi, iuxta regulam generalem ab Innocentio IV traditam : « [Episcopus dispensare valet] ubi ius concedit dispensationem

[73] Cfr. Cappello, *De Ordine* (Vol. IV operis *Tractatus canonico-moralis de Sacramentis*, 2ª ed., Taurini : Marietti, 1947), nn. 419-420 ; Michiels, *Normæ*, II, 710.

[74] Cfr. totam quæstionem de Facultatibus in Van Hove, *De Dispensationibus*, nn. 153-173 ; Michiels, *Normæ*, II, 662-667 ; Winslow, *A Commentary on the Apostolic Faculties* (New York : Field Afar Press, 1946), præsertim capita III et IV ; Kubelbeck, *The Sacred Penitentiaria and Its Relations to Faculties of Ordinaries and Priests*, *passim*.

simpliciter. »[75] Hæc doctrina adhuc retinenda est, quia superfluum esset declarare legislatorem suam legem relaxare posse ; quare, si mentio habetur dispensationis quin specificetur cui competat, rationabiliter deduci potest his verbis facultatem Prælatis inferioribus fieri.[76]

In Codice hæc formula impersonalis semel tantum apparet, scilicet in can. 2372, ubi dicitur : « Suspensionem a divinis, Sedi Apostolicæ reservatam, ipso facto contrahunt, qui recipere ordines præsumunt ab excommunicato vel suspenso, vel interdicto post sententiam declaratoriam vel condemnatoriam, aut a notorio apostata, hæretico, schismatico ; qui vero bona fide a quopiam eorum sit ordinatus, exercitio caret ordinis sic recepti donec dispensetur. » Ultima clausula « donec dispensetur » interpretanda est in favorem facultatis Ordinarii relaxandi ad ordinem receptum exercendum, quia hoc ratione suadetur. Primo, propter rationem iam allatam quod hæc fuit constans interpretatio auctorum ; secundo, quia aliter nulla adesset differentia quoad illos qui « præsumpserint » et illos qui « bona fide » ordinem receperunt ab ordinante impedito seu prohibito : ambo expectare deberent dispensationem S. Sedis. Sed, uti æquum est, Codex videtur mitius agere cum altero, committendo dispensationem Ordinario.

Pacificum est interpretationem formulæ impersonalis in favorem potestatis Ordinarii valere solummodo quando ex textu et contextu legis aut ex mente legislatoris aliud non pateat.

Implicita concessio adhuc prædicanda est, quando potestas explicite facta a iure vel ab homine exerceri nequeat quin prius alia dispensatio concedatur. Hoc evenit in casu quo duæ vel plures leges ex natura sua ita inter se connectuntur, ut impossibile sit concipere relaxationem ab una quin et altera relaxetur. Exempla huiusmodi

[75] *Commentaria,* ad c. 15, X, *de temporibus ordinationum,* I, 11.

[76] Cfr. Cappello, *De Ordine,* n. 662, sub 4° ; Vermeersch-Creusen, *Epitome Iuris Canonici,* I, n. 160, 5° ; Wernz-Vidal, *Ius Canonicum,* I, n. 133 ; Michiels, *Normæ,* II, 709 ; Van Hove, *De Dispensationibus,* n. 406 ; Reilly, *The General Norms of Dispensation,* p. 69. — Augustine, *Commentary,* I, 177, nota 11, contrarium tenet, quia Codex de laudata interpretatione non loquitur ; et Coronata, *Institutiones,* I, 122, nota 6, utramque sententiam refert, quin suam mentem in casu patefaciat. Doctrina favorabilis tamen est longe communior et tuto retineri potest.

connexionis iveniuntur in canonibus qui legem residentiæ firmant,[77] conlatis cum canonibus pluralitatem beneficiorum incompatibilium prohibentibus.[78]

Ojetti sequens affert exemplum : « Si Ordinario committatur dispensatio Caio danda super lege de non recipiendis aut retinendis pluribus beneficiis residentialibus, intelligitur implicite data facultas, ut dispensatus in uno vel alio non resideat, quamvis in uno residere debeat. Et ratio est, quia dispensatio super principali semper se extendit ex consequenti ad accessorium, quantum necessitas consequentiæ exigit. »[79] Hæc omnia auctoritative ab ipso Codice confirmantur : « Concessa facultas secumfert alias quoque potestates quæ ad illius usum sunt necessariæ. »[80]

Communiter citatur etiam can. 200, § 1, « cui tamen delegata potestas est, ea quoque intelliguntur concessa, sine quibus eadem exerceri non posset. » Hic canon bene ad rem facit in casu facultatum ab homine, minime vero, uti patet, cum de potestate a iure facta agitur, quia hæc est ordinaria.

Iuxta Michiels implicita concessio habetur « quando collatio potestatis est in plico verborum occulta, reapse tamen in eo contenta, vel ut effectus in causa aut conclusio in principio, vel ut pars in toto aut species in genere, vel ut conditio sine qua potestas explicite concessa intelligi vel exerceri nequeat. »[81] Van Hove ab hac Michiels descriptione excipit facultates quæ continentur « ut pars in toto aut species in genere, » quia, iuxta Regulam Iuris 80, in VI°, pars necessario in toto continetur, et proinde concessio tali in casu potius explicita dicenda esset.[82] Rationes ab utroque auctore pro sua sententia allatæ validæ sunt. Ad praxim vero quod attinet, hæc opinionum diversitas minoris est momenti : ambo conveniunt Ordinarios dispen-

[77] E.g., cc. 465 ; 471, § 4 ; 473, § 1.
[78] Cc. 156 ; 1439.
[79] *Commentarium in Codicem Iuris Canonici*, I, 330.
[80] Can. 66, § 3. — Cfr. dictum Iavoleni, in D. (2. 1) 2 : « Cui iurisdictio data est, ea quoque concessa esse videntur, sine quibus iurisdictio explicari non potuit. »
[81] *Normæ*, II, 708. — Cfr. etiam *op. cit.*, I, 132.
[82] *De Dispensationibus*, n. 406.

sare posse, sive dicas illud facere ex concessione implicita sive ex concessione explicita.[83]

Clæys Bouuært-Simenon opinantur implicitam concessionem contineri illis in canonibus, ubi iudicio Ordinarii committitur utrum lex in casu particulari servanda sit necne ; ac huiusmodi exempla indicant in cc. 126 ; 131, § 2 ; 139 ; 465 ; 466 ; 599 ; 604 ; 606 ; 678, § 2 ; 699, § 2.[84]

Verumtamen, excluso can. 131, § 2, alii canones a Clæys Bouuært-Simenon citati non iubent aut vetant absolute, sed conditionate, et proinde licentia Ordinarii sufficit ut aliter, ac in lege statuitur, agatur. Ubi enim licentia sufficit, dispensatio superflua est.

Uti concessio implicita considerari debet facultas dispensandi ex iure consuetudinario, de qua in sequenti articulo tractatur.

ART. 5. — FACULTAS DISPENSANDI EX IURE CONSUETUDINARIO.

Sub iure superiori communis doctrina tenebat consuetudinem inter fontes constitutivos dispensationis adnumerandam esse, eo quod ea mediante aliquis iurisdictionem acquirere poterat. Hoc in ipsis Decretalibus sancitum est.[85] Idem tenendum est sub iure Codicis, « dummodo serventur conditiones generales ad quamlibet consuetudinem legitimam requisitæ ; nulla enim afferri potest ratio solida,

[83] Auctori huius dissertationis magis placet sententia Michiels, quia videtur totam differentiam inter concessionem explicitam et implicitam consistere in diverso tenore verborum quibus facultas datur. Ubicumque potestas relaxandi expressis verbis aut signis Ordinario fit, tunc explicita concessio habetur ; in omnibus aliis casibus, ubi aliqua argumentatio necessaria est ad potestatem detegendam, concessio implicita dicenda est.

[84] *Manuale,* I, n. 230, ad II. Michiels (*Normæ,* II, 710) putat can. 131, § 2, continere *explicitam* concessionem. Hoc non videtur sustineri posse. Etenim, loco citato canonis, tantummodo conceditur Ordinario facultas normas statuendi pro missione resolutarum quæstionum scriptarum. Hæc est unica concessio explicita. Sed hæc potestas non intelligitur, nisi dicatur Ordinarium dispensare posse clericos ab obligatione conveniendi in loco ubi « collationes » seu « conferentiæ » habentur (can. 131, § 1). Ergo dicendum est hanc alteram concessionem *implicite* contineri in concessione explicita paragraphi secundæ can. 131, iuxta ea quæ supra dicta sunt (cfr. can. 66, § 3). Cfr. Restrepo Uribe, *De Episcoporum ordinaria dispensandi facultate,* n. 155. — Sed auctor iste, *loc. cit.,* immerito dicit, ni fallor, implicitam concessionem prædicari debere etiam in casu can. 978, § 2.

[85] *Supra,* pp. 43-44 ; Van Hove, *De Dispensationibus,* p. 340, notæ 2 et 3.

ob quam possibilitas tali modo acquirendi potestatem iurisdictionis, quæ est admodum certa, denegari deberet quoad potestatem dispensandi, quæ et ipsa pertinet ad potestatem iurisdictionis. »[86]

Nulla invenitur in Codice talis consuetudinis prohibitio. Insuper consuetudo legitima vim et effectus legis obtinet ; proinde « potestas dispensandi hac via obtenta assimilatur potestati per legem concessæ. »[87]

Præscriptione legitima, sicut et consuetudine, acquiri potest facultas dispensandi.[88] Hæc duo instituta similitudinem ad invicem habent, ita ut si admittitur vis consuetudinis tamquam fons potestatis, idem teneri necesse est de præscriptione.

His in genere dictis, necesse est quædam in specie considerare, ut norma practica hac de re proponatur. Habentur quædam S. Sedis documenta, quæ maximi sunt momenti hac in quæstione.

a) Instructio S. Officii, die 8 iun. 1756 data, et de cuius revocatione non constat, dicit : « Sola itaque Apostolicæ Sedis facultas, vel, præter hanc, immemorabilis consuetudo aut saltem centenaria, unde possit Romani Pontificis benignus assensus legitime deprehendi, dispensationem in publicis impedimentis dirimentibus reddere potest validam. »[89] Verum est prædictam Instructionem loqui tantum de impedimentis matrimonialibus, sed legitime ex ea colligi potest Sanctam Sedem ius consuetudinarium dispensandi in genere sancire, dommodo sit centenarium et immemorabile et accedat consensus, saltem præsumptus, legitimi Superioris.[90]

[86] Michiels, *Normæ*, II, 697. Cfr. etiam Van Hove, *De Dispensationibus*, n. 391 ; Reilly, *The General Norms of Dispensation*, p. 84 ; Guilfoyle, *Custom*, The Catholic University of America Canon Law Studies, n. 105 (Washington, D.C. : The Catholic University of America, 1937), p. 78. — Cappello (*Summa Iuris Canonici*, I, n. 127, ad 8) contendit quod « vix intelligi potest quomodo haberi possit legitima consuetudo. » Et ipse Michiels, in prima editione sui operis (Lublini, 1929), II, 487, putabat huiusmodi ius abusivum et irrationabile esse. Nunc vero, uti supra visum est, contrarium docet. Ita sententia favorabilis longe communior dicenda est inter hodiernos auctores.

[87] Van Hove, *De Dispensationibus*, n. 391. — Reilly (*The General Norms of Dispensation*, p. 84) recte illam æquiparat potestati implicite concessæ.

[88] Cicognani-Staffa, *Commentarium*, II, 76 ; Michiels, *Normæ*, II, 698.

[89] *Collectanea* (1907) n. 399.

[90] Cfr. Reilly, *The General Norms of Dispensation*, p. 85.

b) S. C. Concilii, die 13 nov. 1920, ad sequens dubium : In archidiœcesi Zagabriensi habetur centenaria consuetudo nominandi vicarios cooperatores *inaudito parocho*. Utrum possit servari ; respondit « Negative. Standum dispositioni Codicis, can. 476, § 3. »[91]

c) S. C. de Religiosis, die 20 mart. 1922, sequens emisit Decretum circa consuetudinem exigendi taxam pro exploratione voluntatis admittendarum ad habitum et professionem in religionibus mulierum : *Dubium* — In diœcesi N. consuetudo immemorabilis (400 et plus annorum) taxationem huiusmodi requirebat. Ordinarius nimis occupatus debebat alium sacerdotem delegare ad hoc, et non habebat unde illum remuneraret ; proinde quæsivit, « An consuetudo exigendi taxam pro exploratione voluntatis Religiosarum sustineatur in casu. » S. Congregatio respondit « Negative. »[92]

d) Denique Commissio Codicis, die 13 dec. 1923, sequentem casum solvit : « Utrum Ordinarius, attenta immemorabili consuetudine, possit licentiam dare asservandi Sanctissimam Eucharistiam in curatis ecclesiis, quamvis non stricte parœcialibus, sed subsidiariis. » R. « Affirmative. »[93]

Præmissa decretorum lectur, nota quod sub a) et d) agitur de consuetudine in favorem fidelium ; e contra, sub b) et c) agitur de consuetudine in favorem ipsius Ordinarii. Unde sequens conclusio iustificari videtur, idest : Apostolica Sedes agnoscit legitimitatem iurisdictionis (et consequenter facultatis dispensandi, si casus ferat), quæ fundatur in consuetudine centenaria aut immemorabili, etsi hæc sit contra ius, dummodo hæc consuetudo non sit exclusive in favorem Ordinarii. Ratio canonica conclusionis propositæ affertur. Si Ordinarius quidam potestatem acquisivit ex consuetudine centenaria aut immemorabili aliquid agendi contra ius, puta dispensandi a lege

[91] *AAS*, XIII (1921), 43-46. — Hac decisione abrogata videtur altera decisio S. C. Concilii de qua loquitur Bastnagel, *The Appointment of Parochial Adjutants and Assistants*, The Catholic University of America Canon Law Studies, n. 58 (Washington, D.C. : The Catholic University of America, 1930), pp. 236-237.

[92] *AAS*, XIV (1922), 352 ssq.

[93] *AAS*, XVI (1924), 115.

Ecclesiæ generali, hæc facultas diiudicanda est ad normam can. 5, ubi dicitur consuetudinem contra ius tolerari posse si Ordinarii pro locorum ac personarum adiunctis existiment eam prudenter submoveri non posse. Nunc difficillimum est concipere Ordinarium prudenter submovere non posse consuetudinem in sui tantum favorem inductam. Ergo.

Quid dicendum de opinione Vermeersch-Creusen, qui tenent Ordinarios ex consuetudine centenaria dispensare posse in recitatione Breviarii ?[94] Huiusmodi consuetudo vix sustinetur. Quamvis enim sit in favorem subditorum, haud facile quis contendere potest Ordinarium eam prudenter submovere non posse, quia subditi sunt clerici. Insuper hæc dispensandi facultas hodie a S. Sede concedi non solet, proinde semper dubitari potest de consensu legitimi Superioris. Alia quæstio est, si Ordinarius dispensat in casu urgenti, vi can. 81.[95]

A fortiori, nullimode sustineri posset facultas concedendi generalem dispensationem ab horis canonicis recitandis, ab Ordinario vi consuetudinis factam, quia non esset rationabilis consuetudo qua inferior concederet quod suprema auctoritas dare non solet.[96]

Pro aliis dispensationibus ex consuetudine, v.g., a temporibus sacris, præter casus explicite numeratos in can. 1245, § 2, standum est principiis in can. 5 traditis.[97]

[94] *Epitome Iuris Canonici,* I 6ª ed.), n. 191.

[95] Cfr. Van Hove, *De Dispensationibus,* pp. 364-365, nota 6.

[96] Cfr. Reilly, *The General Norms of Dispensation,* p. 85. — Ipse Vermeersch (*Theologia Moralis,* 3ª ed., 4 voll., Romæ, 1933-1935, III, n. 39, sub 4) restringit facultatem dispensandi a Breviario recitando ad « breve tempus ».

[97] In Hispania, tempore quo fruges colliguntur, Episcopi solent in tota diœcesi dispensare agricolas, ut diebus festis laborent. « Cumbre advertir que en Espana, merced a la costumbre, que es fuente de derecho y un modo legitimo de adquirir jurisdiccion, dispensan los Ordinarios en toda la diocesis para que los agricultores puedan, durante el tiempo de la recolleccion, trabajar los domingos y dias festivos, a excepcion de algunos, con tal que cumplan el precepto de oir Misa. Y de semejante dispensa pueden aprovecharse aun aquellos que de suyo non tienen causa para obtenerla. » — Alonso, « Atribuciones de los Ordinarios y de los Parrocos en orden a los tiempos sagrados, » *Revista Espanola de Derecho Canonico,* I (1946), 210.

Norma generalis et tuta de potestate Ordinariorum dispensandi ex iure consuetudinario, norma scilicet quæ omnes complectatur casus, difficulter tradi potest. Melius est ergo dicere quod unusquisque casus singillatim perpendendus est.

ART. 6. — DE CASU URGENTI.

Facultas dispensandi, de qua agit prima pars can. 81 hucusque exposita, intra fines concessionis explicitæ vel implicitæ, sive a iure sive ab homine factæ, circumscribitur. Potestas vero in fine eiusdem canonis Ordinariis data determinatur conditionibus seu circumstantiis quæ *casum urgentem,* uti dicunt, constituunt ; nempe : (1) difficilis recursus ad S. Sedem, (2) periculum gravis damni in mora, (3) solita dispensationis concessio ex parte Sedis Apostolicæ.

Quædam hic adnotare iuvabit, antequam conditiones modo citatæ singillatim exponantur.

a) Facultas dispensandi pro *casu urgenti* est concessio independens et diversa a concessione explicita vel implicita de qua canon superius loquitur. Ergo independenter subsistunt duæ facultates, unaquæque intra limites a iure statutos, neque ad invicem coarctantur.[98]

b) Canon utitur particulis « et » ac « simul » ad tres conditiones inter se uniendas ; nullum proinde dubium quod hæ uno eodemque tempore verificari debeant, ut casus urgens habeatur.[99]

[98] Cfr. Interpretationem authenticam 27 iul. 1942 — *AAS,* XXXIV (1942), 241, ad I ; Donnelly, « Roman Documents, » *Homiletic anc Pastoral Review,* XLIX (1949), 818 ; Cappello, *De Matrimonio* (Vol. V operis *Tractatus canonico-moralis de Sacramentis,* 5ª ed., Taurini : Marietti, 1947), n. 235 ; Michiels, *Normæ,* II, 715 ; et multos alios qui, quamvis ante citatam interpretationem authenticam scripsissent, sententiam affirmativam propugnaverunt contra Wernz-Vidal, *Ius Canonicum,* V, 499 ; Farrugia, *De Matrimonio et causis matrimonialibus* (Taurini, 1924), pp. 165-166 ; De Smet, *De sponsalibus et matrimonio,* n. 763 ; Idem, « Circa dispensandi potestatem Ordinariorum », *Ephemerides Theologicæ Lovanienses,* II (1925), 58.

[99] De hoc unanimiter conveniut canonistæ. Cfr. Cicognani-Staffa, *Commentarium,* II, 589.

c) Facultas pro casu urgenti, quemadmodum et potestas explicite vel implicite concessa, est iurisdictio ordinaria ; consequenter delegari, in proprium favorem adhiberi, et ubicumque Ordinarius vel subditus invenitur exerceri potest.[100] Insuper valet tum pro casu peculiari, tum pro dispensationibus generalibus.[101]

d) Denique, potestas hæc est favorabilis et late interpretanda (cfr. cc. 85 et 200, § 1) ; valet pro utroque foro ; perdurat in suo robore etiam instituto recursu ad S. Sedem. Quare si casus urgens verificaretur antequam responsum Apostolicæ Sedis Ordinarius accipiat, ipse Ordinarius dispensare valet vi can. 81, salva obligatione monendi Superiorem de gratia interim concessa, ad normam can. 204, § 2.[102] Ex dictis consequitur iudicium de urgentia casus ad Ordinarium spectare. In dubio igitur num adsit periculum gravis damni in mora, aut num revera difficilis sit recursus, necnon in dubio num agatur de dispensatione quæ a S. Sede concedi soleat, Ordinarius licite et valide dispensat (cfr. cc. 66, § 1 ; 85 et 209).

His præmissis, clausulæ de casu urgenti separatim exponuntur in subsequentibus.

1. « Nisi difficilis sit recursus ad Sanctam Sedem. » Imprimis notandum quid intelligatur nomine S. Sedis. Can. 7 dicit hoc nomine in Codice venire non solum Romanum Pontificem « sed etiam, nisi ex rei natura vel sermonis contextu aliud appareat, Congregationes, Tribunalia, Officia, per quæ idem Romanus Pontifex negotia Ecclesiæ universæ expedire solet. » Notum est negotium dispensationum expediri per Congregationes, etc., Curiæ Romanæ ; quare recursus

[100] *Supra*, pp. 68-69.

[101] Vide quæ paulo ante, sub a) dicta sunt. Cfr. etiam Michiels, *Normæ*, II, 715 ; Cicognani-Staffa, *Commentarium*, II, 590. — *Contra* Van Hove, *De Dispensationibus*, n. 413, qui varia adducit argumenta ad sententiam suam probandam, deinde concludit : « Pratice quæstio soluta est pro casibus in quibus tales dispensationes [generales] usui venire possunt, in observantia ieiunii et abstinentiæ : in can. 1245, § 2, Ordinario loci permittitur dispensatio generalis totius diœcesis vel loci ex causa peculiari magni concursus vel publicæ valetudinis. Inclusio unius videtur esse exclusio alterius. » Hæc sententia videtur prorsus explosa interpretatione authentica 27 iul. 1942.

[102] Cfr. Reilly, *The General Norms of Dispensation*, p. 79 ; Chelodi-Ciprotti, *Ius canonicum de Personis*, n. 87, ad 2.

facilis ad unumquodque eorum de quibus in can. 7 excludit clausulam primam casus urgentis. Eodem tempore, elenchus eorum qui veniunt nomine S. Sedis est taxativus, proinde nihil refert utrum facillimum sit recurrere ad aliquem facultate dispensandi forte præditum, puta ad Legatum Romani Pontificis : Ordinarius non tenetur ad illum recurrere, si recursus ad S. Sedem difficilis sit.[103]

Hoc adhuc tenendum est post interpretationem authenticam 26 iu. 1947, quia inibi agitur de casu quo « Ordinarii facile recurrere possunt ad Legatum Romani Pontificis in regione, qui cum Sancta Sede communicat, » scilicet quando Ordinarius Legatum Apostolicum adire potest, non ut ab ipso dispensationem petat, sed ut per ipsum recursus instituatur. Hoc colligitur et probatur ex rubrica, quæ invenitur in capite responsi citati, ubi legitur « *De recursu ad Sanctam Sedem per Legatum Romani Pontificis,* »[104] necnon ex mente legislatoris, quæ manifestata fuit in Instructione privata Secretariæ Status ad Ordinarios Americæ Septentrionalis, 1 ian. 1942.[105]

Difficilis recursus evidenter habetur quando adest impossibilitas physica aut moralis mittendi litteras, v.g., ob extraordinarias circumstantias temporis belli, apertæ persecutionis Ecclesiæ, captivitatis Ordinariorum, et similia adiuncta gravissima quæ omnino abrumpunt communicationem inter Ordinarium et Sanctam Sedem. Hoc tamen non requiritur taxative ut verificetur clausula can. 81 de qua tractatur in præsenti, quia inibi sermo est de difficultate, non de impossibilitate, recursus. Sufficit ergo partiale impedimentum, puta si Hierarchia non est prorsus libera communicandi cum Sede Apostolica, v.g., ob periculum retentionis vel aperitionis epistolarum ex parte potestatis civilis Ecclesiæ hostilis.

Difficilis recursus haberi potest etiam ob carentiam temporis *utilis* ad recurrendum. Et hic duo possunt considerari casus. Unus præsens est quando tempus *mittendi* litteras non suppetit, puta quia ministerium cursoris publici aliqua ex causa interruptum est aut raro

[103] Cfr. Michiels, *Normæ,* II, 713, ubi dicitur hanc sententiam esse omnino communem.

[104] *AAS, XXXIX* (1947), 374, ad I.

[105] *Supra,* p. 78. Cfr. etiam Donnelly, « Official Interpretation by the Code Commission, » *Homiletic and Pastoral Review,* XLVIII (1948), 315.

habetur ; alter verificatur quando, petita dispensatione, tempus *accipiendi* responsum S. Sedis non suppetit, e.g., quia epistola tardat venire et casus urget.[106] Tempus supputatur ex stylo Curiæ, quem Cappello ita refert : quindecim dies pro Italia, viginti ad triginta pro aliis Europæ regionibus, quadraginta ad quinquaginta pro regionibus ultramarinis. Hæc supputatio moraliter facienda est, depositis scrupulis et anxietatibus.[107] Quæ ultima norma item tenenda est in æstimatione difficultatis recursus, cuius iudicium Ordinario relinquitur.

Recursus insuper facilis aut difficilis consideratur, prout media ordinaria aut extraordinaria communicationis adhibenda sunt ad illum instituendum. Duo hodie considerantur media communicationis ordinaria : primo, litteræ per cursorem publicum missæ ;[108] secundo, petitio per Legatum Romani Pontificis transmissa. Ita argumentatur Reilly : « Leges instituuntur secundum ea quæ ordinaria et communia sunt omnibus pro quibus dantur. Consequenter, quando in can. 81 legislator utitur voce *recursus,* præsumi potest eum indicare ordinarium modum recurrendi, nempe per litteras. Insuper, quia legislator nullam indicat exceptionem, norma applicanda est omnibus casibus in quibus recursus per litteras difficilis est. Lex evidenter lata est uti remedium hisce in casibus. Proinde canon interpretandus est ac si diceret *recursus per litteras.* »[109]

Huic sententiæ Reilly si additur recursus per Legatum Romani Pontificis, quem legislator expresse includit interpretatione authentica 26 iun. 1947, plane explicatur clausula prima casus urgentis. Recursus igitur per telephonum, telegraphum, via ferrea aut aërea,

[106] Cfr. S.R.R., *Nullitatis matrimonii,* die 10 aug. 1926, coram R.P.D. Maximo Massimi, Decano, Dec. XL, n. 8 — *S.R.R. Decisiones,* XVIII (1926), 321.

[107] Cappello, *Summa Iuris Canonici,* I, 99, nota 11 ; Idem, *De Matrimonio,* n. 234 bis, 6° ; Van Hove, *De Dispensationibus,* n. 409 ; Michiels, *Normæ,* II, 715.

[108] Nota quod transmissio litterarum « via aërea » vel per specialem cursorem (anglice, *special delivery*) adhuc considerari potest medium extraordinarium, quamvis horum mediorum usus in dies crescat, etiam apud plebem. Ergo, salva declaratione S. Sedis, quæ adhuc desideratur, Ordinarii non sunt obligandi modo laudatis mediis uti.

[109] *The General Norms of Dispensation,* p. 74.

et omnia alia media communicationis, præter duo supra citata, sunt media extraordinaria, et proinde Ordinarius minime obstringitur illis uti.[110]

Hoc valet tum pro recursu immediato ad Sanctam Sedem, tum pro recursu ad Legatum Romani Pontificis ut petitionem transmittat. Aliis verbis, Ordinarius dicitur adire non posse Legatum Apostolicum, si media communicationis ordinaria inter suam diœcesim vel locum et sedem Legati desunt, sensu hucusque exposito.

Alia distinctio adhuc facienda videtur. Si recursus difficilis sit uni Ordinario personaliter, sed facilis per aliam personam ; aut si difficilis sit omnibus Ordinariis, sed facilis per Legatum Romani Pontificis, tunc non verificatur clausula can. 81, quia hisce in casibus recursus *mediatus* facilis est. Si vero recursus difficilis sit omnibus Ordinariis et Legato Apostolico simul, clausula can. 81 obtinere videtur, etsi fortasse inveniri posset tertia persona quæ recursum instituere valeret : ratio est, quia difficultas diiudicanda est ex communiter contingentibus, atque Ordinarius non videtur teneri ad peculiarem investigationem instituendam ut videat num adsit persona quæ petitionem transmittere valeat, quando recursus directus seu immediatus præcluditur et ipse Legatus Romani Pontificis subvenire nequit.

Patet quod si ministerium interpositæ personæ inducat periculum damni violationis secreti, aut damnum tertii et similia, tunc recursus difficilis remanet.[111]

2. « In mora sit periculum gravis damni. » « Damnum autem pati videtur, qui commodum amittit, quod ex publico consequebatur, qualequale sit. »[112] Canon utitur locutione « in mora periculum, » ut indicet quod non requiritur ut grave damnum iam incursum seu passum sit momento quo dispensatio petitur, sed quod sufficit ut, omnibus consideratis, Ordinarius prudenter existimet seu rationabiliter

[110] *Supra*, p. 77. Cicognani-Staffa, *Commentarium*. II, 589 ; Michiels, *Normæ*, II, 714 ; Van Hove, *De Dispensationibus*, n. 409.
[111] Cfr. Reilly, *The General Norms of Dispensation*, p. 75.
[112] Ulpianus in D. (43. 8) (2. 11).

timeat certum aut probabile periculum gravis damni adesse in mora. Sufficit ergo damnum infectum.[113]

Immo dicendum est Ordinarium facultate can. 81 uti non posse ratione damni iam passi ab oratore, nisi revera adsit novum damni periculum in mora. Sententia hæc ulterius explicatur. Plerumque evenit quod damnum iam passum rationem damni qua tale non induat, sive quia orator culpabiliter causam dedit malo, puta scandalo, et illud removere valet ;[114] sive quia manifeste apparet dilationem dispensationis nullo modo afficere damnum iam passum, puta amissionem boni nominis. Utroque in casu orator expectare debet indultum S. Sedis, et Ordinarius nequit dispensare, quia deficit secunda clausula casus urgentis, nempe « periculum gravis damni in mora. »

Alia res est, si damnum iam passum (sive culpabiliter sive inculpabiliter) ita perdurat, ut revera novum constituat periculum, puta in casu matrimonii invalide contracti et nunc sanandum quia impossibile est separationem vel fraternam cohabitationem coniugum urgere. Tunc verificari potest periculum gravis damni in mora, non ratione matrimonii invalidi (damnum iam passum), sed potius ratione periculi incontinentiæ (damnum impendens seu futurum) in mora. Confirmatur ex iurisprudentia rotali.[115] Verba legis intelligenda sunt prouti sonant : hoc in casu sermo fit de *periculo damni,* et patet periculum respicere futura, non præterita.

[113] « Damnum infectum est damnum nondum factum, quod futurum veremur ». — Gaius in D. (39. 2) 2.

[114] Cfr. « Quod quis ex culpa sua damnum sentit, non intelligitur damnum sentire ». — Pomponius in D. (50. 17), 203 ; et « Nemo damnum facit, nisi qui id fecit, quod facere ius non habet ». — Paulus in D. (50. 17), 151.

[115] Cfr. S.R.R., *Nullitatis matrimonii,* die 14 mart. 1927, coram R.P.D. Francisco Parrillo, Dec. X, n. 6 : « Subducto mortis periculo, de quo can. 1043, nequeunt Ordinarii locorum in impedimentis S. Sedi reservatis dispensare ad promptius consulendum Oratorum vel alterius ex ipsis conscientiæ aut prolis legitimationi, et generatim ad occurrendum malis vel damnis, quæ iam *passa vel relata sunt,* prout scandalo *iam dato.* In utroque enim canone 81 et 1045, expressa fit mentio damni vel mali *periculi,* cuius causa unice sit repetenda a dispensationis *dilatione* in adeunda Sancta Sede ; unde de damno vel malo *impendente* seu *futuro* agi debet. » — *S.R.R. Decisiones,* XIX (1927), 74. Cfr. etiam n. 15 eiusdem Decisionis X — *S.R.R. Decisiones,* XIX (1927), 81-82.

« Cum Codex non determinet huius gravis damni naturam, » uti optime notat Michiels, « *sufficit damnum qualecumque,* publicum aut privatum, physicum (in corpore) aut morale (in anima), ut puta infamiam vel scandalum ex eo quod quis diutius a matrimonio contrahendo impediatur, aut etiam œconomicum (in bonis temporalibus), qualicumque ex causa propter dispensationis procrastinationem oriundum, *dummodo revera grave sit* seu notabile, et si non gravissimum aut valde grave. »[116]

Iudicium de gravitate et imminentia damni ad Ordinarium spectat.[117]

3. « De dispensatione agatur quæ a Sede Apostolica concedi solet. » Visum est omnem legem positivam ecclesiasticam *de iure* dispensabilem esse.[118] In praxi vero seu *de facto* a quibusdam legibus Ecclesia numquam aut rarissime, et quidem in altero casu ob extraordinarias causas tantum, dispensat. Hæ præ oculis habenda sunt, ut bene intelligatur ultima clausula can. 81 de qua agitur.

Imprimis, norma interpretationis verborum « quæ concedi solet » desumenda est ex praxi Curiæ Romanæ, quæ norma ita generice enuntiari potest : Dispensatio concedi solita illa dicitur, quæ, data causa proportionata legi a qua relaxatio petitur, *plerumque* conceditur. Dicitur *plerumque,* quia una alterave denegatio dispensationis hanc non reddit insolitam, cum res diiudicanda sit ex communiter contingentibus. Item, ratione contrarii, dispensatio quæ semel aut rarissime fit et in pluralitate casuum denegatur, concedi non solita æstimatur, quia non esset rationi conforme quod Superior inferiori concedat potestatem faciendi ea quæ ipse numquam aut tantum in casibus extraordinariis facit.[119]

[116] *Normæ,* II, 713. Cfr. etiam Cappello, *De Matrimonio,* n. 234 bis, sub 5°.

[117] Cfr. Aguirre, « Annotationes », *Periodica,* XXXII (1943), 105-106, ubi etiam notatur sufficere *probabile* gravis mali periculum (uti iam dictum est), argumento desumpto ex loco parallelo can. 1045, § 1, ubi dicitur : « Sine *probabili* gravis mali periculo... »

[118] *Supra,* pp. 20-21.

[119] Cfr. Reg. 81, R.J., in VI° : « In generali concessione non veniunt ea quæ quis non esset in specie verisimiliter concessurus »

In specie, Ecclesia :

a) Dispensare *nequit* in iure naturali et divino positivo, puta in impedimentis quæ huiusmodi in iure fundantur.[120]

b) *Numquam* dispensat, si dubitatur num impedimentum sit iuris naturalis, e.g., in primo gradu consanguinitatis lineæ collateralis ; et in quibusdam impedimentis iuris ecclesiastici, scilicet super episcopatu et, extra mortis periculum, in crimine coniugicidii publico.

c) *Non solet* (sensu supra exposito) dispensare in primo gradu affinitatis in linea recta consummato matrimonio, in sacro præsbyteratus ordine et in raptu, in crimine occulto coniugicidii et in ætate, in ordine sacro et sollemni professione religiosa.[121]

Omnia proinde hæc clausula can. 81, de qua agitur, excludit.

Alia norma ex praxi Ecclesiæ deducenda hæc est : Numquam conceditur dispensatio, nisi amoto scandalo vel remoto scandali periculo. Ratio ex ipso iure naturali patet : bonum privatum bono publico subordinari necesse est, proinde bono privato consulere nemo debet si ex hoc vel propter hoc in discrimen veniat bonum publicum. Similiter non datur dispensatio quando adest periculum scandali etiam pro persona privata aut inter paucos, quia maioris est momenti bonum spirituale quam quodcumque aliud bonum ex dispensatione proveniens.

Denique notanda est differentia inter clausulam finalem can. 81 et primam partem eiusdem canonis. Pacificum est facultatem implicite vel explicite concessam et potestatem pro casu urgenti independenter subsistere.[122] Attamen, clausula « de dispensatione agatur quæ a Sede Apostolica concedi solet » diiudicari minime potest ad normam facultatum quæ a iure vel ex indulto Ordinariis aut Legatis Apostolicis conceduntur. Ita, v.g., Ordinarius dispensare valet subdiaconos et diaconos ab obligatione servandi sacrum cælibatum in adiunctis can.

[120] Cfr. Miceli, *Le dispense matrimoniali* (Roma : Il Monitore Ecclesiastico, 1941), cap. I, *Impedimenti di diritto divino ;* Cappello, *De Matrimonio,* n. 224.

[121] Quidam auctores (e. g., Miceli, *Le dispense matrimoniali,* p. 49) adhuc tenent Ecclesiam *numquam* dispensare super impedimento raptus. Sed immerito. Raptus adnumerandus est inter impedimenta quæ dispensari non solent. Cfr. *Collectanea* (1907), nn. 1268, 2101 ; Cappello, *De Matrimonio,* p. 223, nota 9.

[122] *Supra,* p. 113.

1043 ; hoc tamen non valet facere vi can. 81 et sub clausulis in eo recensitis.[123] Item, Delegatus Apostolicus dispensare valet a voto privato perfectæ et perpetuæ castitatis, quod Apostolicæ Sedi reservatur, dum Ordinarius hoc facere non potest vi can. 81.[124]

Consequenter modificanda videtur sententia liberalis Michiels, qui scribit : « Ad determinandum vero quænam dispensationes revera regulariter concedantur a Sede Apostolica, in praxi nullum criterium nobis apparet magis obvium ac tutum, quam elenchus dispensationum quæ inconsulta Sancta Sede et sine speciali restrictione concedi possunt a *Legatis Apostolicis*. Quapropter, v.g., quod attinet ad impedimenta matrimonialia mere ecclesiastica, cum in facultatibus habitualibus Legatis Apostolicis concessis ab eorum potestate excipiantur sola impedimenta quæ proveniunt ex affinitate in linea recta consummato matrimonio, ex ordine sacro et solemni professione religiosa, cetera omnia dici possunt dispensari solita. »[125]

Quare, interpretatione authentica 26 ian. 1949, necnon sententia aliorum auctorum [126] et stylo Curiæ præ oculis habitis sequens norma (partim ex Michiels desumpta) proponenda videtur : Verba can. 81, « de dispensatione agatur quæ a Sede Apostolica concedi solet, » possunt bene interpretari ad normam facultatum dispensandi, quæ Legatis Apostolicis concedi solent, exceptis votis reservatis et obligatione subdiaconorum ac diaconorum servandi sacrum cælibatum, atque impedimentis raptus, coniugicidii occulti, necnon ætatis.

SCHOLION — Dispensatio a S. Sede denegata *quodammodo* dici potest dispensatio quæ a Sede Apostolica concedi *non solet* ; ergo Ordinarius illam concedere non valet vi can. 81.

Dicitur *quodammodo*, quia sententia hæc variis factis distinctionibus proponenda est, ut bene intelligatur, videlicet :

[123] Cfr. Interpretationem authenticam 26 ian. 1949 — *Supra*, p. 78.

[124] Cfr. Bouscaren, *Canon Law Digest*, I, 180, n. 29, et interpretationem modo citatam in nota præcedenti.

[125] *Normæ*, II, 712-713.

[126] De Smet, *De sponsalibus et matrimonio*, n. 754, nota 2 ; Wernz-Vidal, *Ius Canonicum*, V, 483, nota 12 ; Miceli, *Le dispense matrimoniali*, pp. 44-45 ; Cicognani-Staffa, *Commentarium*, II, 590 ; Cappello, *De Matrimonio*, nn. 224, 235, et capp. VI-VII.

a) Gratia (intellige, dispensatio) a S. Sede denegata, invalide a loci Ordinario, etsi potestatem habente, conceditur sine assensu S. Sedis (cfr. can. 43). Agitur de eadem gratia, iisdem in adiunctis.

b) E contra, si nova causa sufficiens pro iam denegata dispensatione proponatur, tunc Ordinarium dispensare posse videtur in adiunctis can. 81, quia non agitur de eadem gratia.[127]

c) Quidam auctores notant quod in can. 43 locutio « a *loci* Ordinario » adhibetur.[128] Proinde, quamvis conveniant huiusmodi locutionem inadvertantiæ aut mendo typographico tribuendam esse, nihilominus docent invalidam non esse dispensationem per alium Ordinarium (non *loci*) competentem factam, puta Superiorem maiorem religionis clericalis exemptæ, quia canon 43 non est extendendus ultra casus expressos, cum clausulam irritantem contineat, et « verba aliquid operari debeant. »[129]

Hic adhuc distinguendum videtur : (1) Si Ordinarius (non *loci*) agit ex potestate ordinaria explicite vel implicite concessa *a iure*, dispensatio valet, ex modo dictis. (2) Si agit ex potestate delegata a Congregatione vel Officio quæ gratiam denegaverunt, videtur invalide dispensare, quia potestas delegata limites potestatis delegantis excedere nequit. (3) Si agere vult vi can. 81 pro casu urgenti et eadem de causa in denegata petitione ad Sacram Congregationem vel Officium expressa, tunc dispensatio non valet, quia denegatio dispensationis a S. Sede facta indicium est quod agitur de dispensatione quæ illis in adiunctis concedi non solet : ergo deficit ultima clausula casus urgentis.

[127] Cfr. Berutti, *Institutiones Iuris Canonici*, I, n. 99 ; Van Hove, *De Dispensationibus*, n. 455. — Contrarium sentit Michiels, *Normæ*, II, 378, nota 2. — Sententia tamen favorabilis magis placet, quia hic non agitur de dispensatione quæ a S. Sede concedi *non solet* (alias deficeret ultima clausula can. 81 pro casu urgenti), sed de dispensatione concedi solita, quæ in casu particulari denegata est, evidenter ob insufficientiam causæ.

[128] Cappello, *Summa Iuris Canonici*, I, 155-156 ; Reilly, *The General Norms of Dispensation*, p. 86 ; Chelodi-Ciprotti, *Ius Canonicum de Personis*, p. 130, nota 2 ; Cicognani-Staffa, *Commentarium*, II, 358-359 ; Michiels, *Normæ*, II, 381 ; et alii.

[129] C. 10, *de privilegiis*, V, 7, in VI°. Cfr. etiam Reg. 30 et 57, R.J., in VI°.

CONCLUSIONES

1. Desideratur in Codice definitio dispensationis magis comprehensiva, quæ scilicet plane includat relaxationem voti et iuramenti, pœnæ vindicativæ et vinculi matrimonii rati et non consummati. Vel melius, desiderantur nomina diversa pro diversis notionibus, quæ nunc sub voce « dispensatio » veniunt.

2. Verba can. 84, § 2, «in dubio de sufficientia causæ,» extendi nequeunt ad dubium de existentia causæ.

3. Per prima decem ævi christiani sæcula, dispensationes et ipsa dispensandi facultas Episcoporum vestigia habent et fundamentum in iure Ecclesiæ, in Romanorum Pontificum actis, in praxi et doctrina Patrum. Probabile est Episcopos aliquando dispensasse ob causas boni privati.

4. Evolutio iuridica instituti dispensationis ex Decretistis et Decretalistis originem ducit. Sufficientia causæ boni privati communiter admissa invenitur post sæc. X. Decretales Summorum Pontificum facultates Episcoporum ex concessione explicita vel implicita, ex necessitate vel evidenti utilitate Ecclesiæ, ex iure consuetudinario canonizant. Sæc. XIII Regularium exemptio firmata invenitur.

5. Potestas de qua in can. 81 est ordinaria vicaria. Est late interpretanda, delegabilis, potest in proprium favorem adhiberi. Ordinarius e territorio absens et subditum extra territorium commorantem dispensare valet.

6. Dispensatio a matrimonii impedimentis cum regibus et regiæ stirpis principibus est probabiliter S. Sedi reservata. Videtur tamen Episcopum dispensare posse in casu urgenti can. 81.

7. Sententia quæ tenet Ordinarium loci peregrinos dispensare posse est solide probabilis et tuto teneri potest.

8. Interpretatio authentica diei 26 iun. 1947 saltem explicativa dicenda est ; proinde non retrotrahitur.

9. Dubium de existentia causæ non est dubium facti sensu can. 15. Dispensatio vero cum tali dubio facta, saltem post factum, valida dicenda est ad normam can. 209.

10. Cognitio causæ ad liceitatem requiritur, non ad validitatem. Ordinarius iudicat de sufficientia causæ.

11. Dispensatio, semel facta in dubio de sufficientia causæ, semper valere videtur, etsi tractum habeat successivum et causam insufficientem fuisse deprehendatur.

12. Ordinarius a legibus quas SS. Romanæ Congregationes pro particulari territorio tulerunt videtur non posse dispensare, nisi ad normam can. 81.

13. Superior missionis sui iuris, Vicarius Delegatus, Superior monasterii sui iuris et quidam Visitatores religiosorum inter Ordinarios adnumerandi sunt.

14. Ordinarius religiosorum dicendus est capax dispensandi in adiunctis can. 1245, § 2.

15. Desideratur repetitio clausulæ « eorundem vicarii » in fine can. 488, n. 8.

16. Sententia, quæ quibusdam in negotiis tribuere vellet nomen et potestatem Ordinarii Superioribus maioribus religionum clericalium non exemptarum, valde placet et propugnanda videtur. In praxi tamen huiusmodi Superiores videntur sibi usurpare non posse nomen et potestatem Ordinarii, antequam legislator aliud expresse statuat.

17. Canon 81 agit de dispensatione sensu lato accepta, nempe de relaxatione vinculi legis, contractus et pœnæ.

18. Ordinarius nequit dispensare in casibus frequenter occurrentibus, vel levioribus aut fere quotidianis, nisi ad normam can. 81.

19. Facultas dispensandi ex consuetudine vel præscriptione legitima originem ducere potest.

20. Facultas can. 81 pro casu urgenti est concessio independens et diversa a potestate explicite vel implicite facta. Proinde ambo independenter subsistunt intra limites sibi proprios, neque ad invicem coarctantur.

21. Facultas pro casu urgenti valet pro dispensationibus generalibus dandis.

22. Iudicium de urgentia casus ad Ordinarium spectat. Proinde facultas can. 81 non suspenditur interposito recursu ad S. Sedem.

23. Media communicationiss pro recursu instituendo sunt litteræ per cursorem publicum missæ, et recursus per Legatum Romani Pontificis.

24. Gratia a S. Sede denegata probabiliter valide conceditur ab Ordinario in adiunctis can. 81, si nova adducatur causa sufficiens.

APPENDIX I

FACULTATES DISPENSANDI EXPLICITE A CODICE CONCESSÆ

A. Facultates Ordinarii loci.

1. Dispensandi a legibus, etiam irritantibus et inhabilitantibus, in dubio facti, dummodo agatur de legibus in quibus Romanus Pontifex dispensare solet. *Can. 15.*

2. Dispensandi sacerdotes sæculares ab examinibus per triennium post ordinationem præsbyteralem subeundis. *Can. 130, § 1.*

3. Dispensandi sacerdotes, qui collationibus seu conferentiis de re morali et liturgica interesse tenentur, ab obligatione adeundi in conventum, aut, deficiente conventu, mittendi scriptam casuum solutionem. *Can. 131, § 3.*

4. Dispensandi canonicum theologum a munere legendi in ecclesia, in ordine ad sacras disciplinas in seminario docendas. *Can. 400, § 3.* (Agitur de dispensatione per modum commutationis).

5. Dispensandi a lege de examine subeundo in ordine ad collationem parœciæ. *Can. 459, § 3, n. 3.*

6. Dispensandi religiosos iuris diœcesani ab obligatione vitæ communis, per indultum exclaustrationis vel sæcularizationis. *Can. 638.*

7. Dispensandi clericos, qui sacræ theologiæ curriculum persolvunt, a commoratione in seminario. *Can. 972, § 1.*

8. Dispensandi clericos ab interstitiis, quæ unumquodque ordinem sacrum præcedere debent. *Can. 978, § 2.*

9. Dispensandi subditos ab irregularitatibus ex delicto occulto provenientibus, exceptis irregularitate ex homicidio voluntario vel ex abortu et aliis ad forum iudiciale deductis. *Can. 990, § 1.*

10. Dispensandi a denuntiationibus pro clericis faciendis antequam ad ordines sacros promoveantur. *Can. 998, § 1.*

11. Dispensandi a publicationibus matrimonialibus faciendis, tum in propria, tum in aliena diœcesi. *Can. 1028 (cfr. etiam can. 1104).*

12. Dispensandi ab obligatione repetendi publicationes matrimoniales, si intra sex menses a peractis publicationibus matrimonium contractum non fuit. *Can. 1030, § 2.*

13. Dispensandi, urgente mortis periculo, super forma et super omnibus impedimentis iuris ecclesiastici, exceptis impedimentis provenientibus ex sacro presbyteratus ordine et ex affinitate in linea recta, consummato matrimonio, et servatis de iure servandis. *Can. 1043.*

14. Dispensandi, cum iam omnia sunt parata ad nuptias, super omnibus impedimentis (non super forma), *ut supra*, n. 13. *Can. 1045.*

15. Dispensandi, si Ordinarius gaudet indulto generali dispensandi super certo quodam impedimento, super eodem impedimento etiam si illud sit multiplex, nisi aliud in indulto caveatur. Item, si gaudet indulto generali dispensandi super pluribus impedimentis diversæ speciei, dispensandi super iisdem impedimentis, etiam publicis, in uno eodemque casu occurrentibus. *Can. 1049.*

16. Dispensandi singulos fideles vel singulas familias, intra vel extra territorium, et peregrinos in suo territorio, ab observantia festorum, ieiunii et abstinentiæ. *Can. 1245, § 1.*

17. Dispensandi totam diœcesim vel locum, ex causa magni populi concursus aut publicæ valetudinis, a ieiunio et abstinentia, vel etiam ab utraque simul. *Can. 1245, § 2.*

18. Dispensandi subditos et peregrinos a votis non reservatis, dummodo dispensatio non lædat ius aliis quæsitum. *Can. 1313, n. 1.*

19. Dispensandi a iureiurando promissorio, dummodo dispensatio non vergat in præiudicium aliorum qui obligationem remittere recusant. *Can. 1320.*

20. Dispensandi, pro singulis tantum libris et in casibus dumtaxat urgentibus, a lege de non legendis libris prohibitis. *Can. 1402, § 1.*

21. Dispensandi a ritu missionis in beneficii possessionem. *Can. 1444, § 1.*

2. Dispensandi a pœna legi adnexa, si Ordinarius facultatem habet a lege eximendi. *Can. 2236, § 2.*

23. Dispensandi, in casibus publicis, a pœnis vindicativis latæ sententiæ a iure statutis, exceptis casibus ad forum contentiosum deductis et pœnis inhabilitatis ad beneficia, officia, dignitates, munera in Ecclesia, vocem activam et passivam eorumve privationis, suspensionis perpetuæ, infamiæ iuris, privationis iuris patronatus et privilegii seu gratiæ a Sede Apostolica concessæ. *Can. 2237, § 1.*

24. Dispensandi, in casibus occultis, ab omnibus pœnis vindicativis latæ sententiæ iure communi statutis. *Can. 2237, § 2.*

25. Dispensandi catholicos, qui matrimonium mixtum sine dispensatione inire ausi fuerint, a pœna vindicativa exclusionis ab actibus legitimis ecclesiasticis et Sacramentalibus. *Can. 2375.*

B. Facultates Ordinarii Religiosorum.

1. Dispensandi in dubio facti, ad normam can. 15. (*Supra,* n. 1)

2. Dispensandi sacerdotes subditos ab examinibus per quinquennium post ordinationem subeundis. *Can. 590.*

3. Dispensandi clericos theologos a commoratione in seminario. *Can. 972, § 1. (Supra,* n. 7).

4. Dispensandi subditos ab irregularitatibus ex delicto occulto, etc. *Can. 990, § 1. (Supra,* n. 9).

5. Dispensandi singulos subditos et singulas familias religiosas, necnon novitios et alios, qui in religiosa domo die noctuque causa famulatus aut educationis aut hospitii aut infirmæ valetudinis degunt, ab observantia festorum, ieiunii et abstinentiæ. *Can. 1245, § 3.*

6. Dispensandi totam provinciam, ex causa publicæ valetudinis, a ieiunio et abstinentia, vel etiam ab utraque simul. *Can. 1245, § 2.*

7. Dispensandi subditos suos, professos, novitios omnesque de quibus in can. 514, § 1, a votis non reservatis, dummodo dispensatio non lædat ius aliis quæsitum. *Can. 1313, n. 2.*

8. Dispensandi a iureiurando promissorio, etc., *ut supra,* n. 19. *Can. 1320.*

9. Dispensandi, pro singulis tantum libris et in casibus dumtaxat urgentibus, a lege de non legendis libris prohibitis. *Can. 1402, § 1.*

10. Dispensandi a pœna legi adnexa, etc., *ut supra,* n. 22. *Can. 2236, § 2.*

11. Dispensandi, in casibus publicis, a pœnis vindicativis, etc., *ut supra,* n. 23. *Can. 2237, § 1.*

12. Dispensandi, in casibus occultis, ab omnibus pœnis vindicativis latæ sententiæ iure communi statutis. *Can. 2237, § 2.*

APPENDIX II

QUALITAS CAUSÆ, QUÆ REQUIRITUR QUIBUSDAM IN DISPENSATIONIBUS FACIENDIS NECNON ALIQUIBUS IN LICENTIIS DANDIS, IUXTA CODICEM IURIS CANONICI.

Casus a iure exceptus : «Dispensatio a minore impedimento concessa, nullo sive obreptionis sive subreptionis vitio irritatur, etsi unica causa finalis in precibus exposita falsa fuerit.» *Can. 1054.*

Rationabilis causa.

1. Ut Synodus diœcesana alibi ac in ecclesia cathedrali celebretur. *Can. 357, § 2.*

2. Ut publicationes matrimoniales omittantur. *Can. 1028, § 1.*

Iusta causa.

1. Ut sacerdotes sæculares ab exercitiis spiritualibus eximantur. *Can. 126.*

2. Ut sacerdotes sæculares ab examinibus per triennium post ordinationem subeundis eximantur. *Can. 130, § 1.*

3. Ut clerici tabernas aliaque similia loca ingredi permittantur. *Can. 138.*

4. Ut a decretis Concilii plenarii et provincialis dispensetur. *Can. 291, § 1.*

5. Ut parochus permittatur in domo parœciali non residere. *Can. 465, § 1.*

6. Ut parochus possit alia die, ac in iure determinata, Missam pro populo celebrare. *Can. 466, § 3.*

7. Ut in confessarium Religiosarum eligatur sacerdos minus quam quadraginta annos natus. *Can. 524, § 1.*

8. Ut sacra Communio ad infirmos publice non deferatur. *Can. 847.*

9. Ut Episcopus suos subditos ad alium Episcopum pro ordinationibus mittat. *Can. 955, § 2.*

10. Ut examen ordinandorum alio Episcopo committatur. *Can. 997, § 1.*

11. Ut denuntiationes ante ordinationes omittantur. *Can. 998, § 1.*

12. Ut matrimonium alibi, ac coram sponsæ parocho, celebretur. *Can. 1097, § 2.*

13. Ut sollemnitas nuptiarum temporibus prohibitis habeatur. *Can. 1108, § 3.*

14. Ut extra dies in Apostolico indulto specificatis, facultas celebrandi Missam in oratoriis privatis, per modum actus, concedatur. *Can. 1195, § 2.*

15. Ut a lege de observantia festorum atque abstinentiæ et ieiunii dispensetur. *Can. 1245, § 1.*

16. Ut a votis non reservatis dispensetur. *Can. 1313.*

17. Ut parochus per alium habitualiter verbum Dei prædicare sinatur. *Can. 1344, § 2.*

18. Ut parochus permittatur concionem omittere aliquibus diebus dominicis et sollemnioribus quibusdam festis. *Can. 1344, § 3.*

19. Ut a ritu missionis in beneficii possessionem dispensetur. *Can. 1444.*

GRAVIS CAUSA.

1. Ut canonicus theologus, loco lectionum in ecclesia, docere in seminario permittatur. *Can. 400, § 3.*

2. Ut parochus ultra bimestre a parœcia abesse permittatur. *Can. 465, § 2.*

3. Ut sacerdotes religiosi ab examinibus per quinquennium post ordinationem subeundis eximantur. *Can. 590.*

4. Ut religiosi permittantur habitum religiosum non deferre. *Can. 596.*

5. Ut clerici theologi a commoratione in seminario eximantur. *Can. 972, § 1.*

6. Ut ordinationes extra tempora, die tamen dominico aut alio festo de præcepto, habeantur. *Can. 1006, § 2.*

IUSTA ET GRAVIS CAUSA.

1. Ut familiæ religiosæ et piæ domus non exemptæ a parochi cura subducantur. *Can. 464, § 2.*

2. Ut religiosi extra domum religionis commorari permittantur. *Can. 606, § 2.*

3. Ut ab impedimento mixtæ religionis dispensetur. *Can. 1061, § 1, n. 1.*

4. Ut expositio publica SS. Sacramenti, præter tempora in iure specificata, permittatur. *Can. 1274, § 1.*

GRAVIS ET RATIONABILIS CAUSA.

1. Ut adultus ritu infantium baptismum recipere sinatur. *Can. 755, § 2.*

GRAVIS ET URGENS CAUSA.

1. Ut adultus baptizatus ab assistentia sacrificio Missæ et a receptione SS. Eucharistiæ eximatur. *Can. 753, § 2.*

SPECIALIS CAUSA.

1. Ut novitii permittantur cum professis communicare, et vice versa. *Can. 564, § 1.*

2. Ut totam diœcesim seu locum a ieiunio et abstinentia, vel etiam ab utraque simul, Ordinarii dispensent. (Causa magni populi concursus aut publicæ valetudinis). *Can. 1245, § 2.*

GRAVISSIMA ET URGENTISSIMA CAUSA.

1. Ut matrimonium conscientiæ permittatur. *Can. 1104.*

UTILITATIS ET NECESSITATIS CAUSA.

1. Ut ab interstitiis, quæ ordines maiores præcedere debent, dispensetur. *Can. 978, § 2.*

INDEX BIBLIOGRAPHICUS

FONTES

Acta Apostolicæ Sedis, Commentarium Officiale, Romæ, 1909-

Acta Sanctæ Sedis, 41 voll., Romæ, 1865-1908.

Bouscaren, T. Lincoln, *The Canon Law Digest,* 2 voll. et *Supplement Through 1946,* Milwaukee : Bruce, 1934-1949.

Bullarium Diplomatum et Privilegiorum Sanctorum Pontificum, Taurinensis editio, 24 voll. et Appendix, Augustæ Taurinorum, 1857-1872.

Codex Iuris Canonici Pii X Pontificis Maximi iussu digestus, Benedicti Papæ XV auctoritate promulgatus, Romæ : Typis Polyglottis Vaticanis, 1917.

Codicis Iuris Canonici Fontes, cura Emi Petri Card. Gaspari editi, 9 voll., Romæ, 1923-1939. (Voll. VII-IX prodierunt cura et studio Emi Iustiniani Card. Serédi).

Collectanea S. Congregationis de Propaganda Fide, vol. un., Romæ : Typographia Polyglotta S. C. de Propaganda Fide, 1893.

Collectanea S. Congregationis de Propaganda Fide, 2 voll., Romæ : Typographia polyglotta S. C. de Propaganda Fide, 1907.

Corpus Iuris Canonici, editio Richter-Friedberg, 2 voll., Lipsiæ, 1879-1881.

Corpus Iuris Civilis, Berolini : Apud Veidmannos, 1928-1929. Vol. I, ed. stereotypa 15., *Institutiones,* quas recognovit et retractavit P. Krueger. Vol. X, *Digesta,* ed. stereotypa 15., recognovit T. Mommsen, retractavit P. Krueger.

Decretales Gregorii IX, una cum glossis restitutæ, Venetiis, 1584.

Decretum Gratiani, una cum Glossis Gregorii XIII Pont. Max. iussu editum, 2 voll., Romæ, 1582.

De Mauri, *Regulæ Iuris,* 11ª ad., Mediolani : Hœpli, 1949.

Denzinger-Bannwart-Umberg, *Enchiridion Symbolorum, Definitionum et Declarationum de rebus fidei et morum,* 24-25 ed., Barcelona : Editorial Herder, 1948.

Hefele, C.-Leclercq, H., *Histoire des Conciles,* 11 voll. in 20, Paris : Letouzey et Ané, 1907-1949.

Mansi, J. D., *Sacrorum Conciliorum Nova et Amplissima Collectio,* 53 voll. in 60, Parisiis, 1901-1927.

Monumenta Germaniæ Historica, prodierunt 188 voll., Hannoveræ, 1826-

Libelli de Lite Imperatorum et Pontificum sæculis XI et XII conscripti, Tomi III, editi a Pertz, Hannoveræ, 1891-1897.

Sacræ Romanæ Rotæ Decisiones seu Sententiæ, quæ prodierunt anno 1909- Romæ : Typis Polyglottis Vaticanis, 1912-

Sbaralea, J. H., *Bullarium Franciscanum*. Voll. I-III edidit J. H. Sbaralea, Romæ, 1759-1764. Vol. IV ed. A. Rossi, Romæ, 1768. Voll. V-VII ed. C. Eubel, Romæ, 1897-1904. Vol. VIII ed. U. Hüntermann, Quaracchi, 1929. Vol. IX ed. I. M. Pou y Marti, Quaracchi, 1939.

Schrœder, H. J., *Canons and Decrees of the Council of Trent*, St. Louis : B. Herder Book Co., 1941.

Sylloge præcipuorum documentorum Summorum Pontificum et S. Congregationis de Propaganda Fide necnon aliarum SS. Congregationum Romanarum ad usum Missionariorum, Romæ : Typis Polyglottis Vaticanis, 1939.

Thesaurus Resolutionum Sacræ Congregationis Concilii, 167 voll., Romæ, 1718-1908.

Thiel, A., *Epistolæ Romanorum Pontificum Genuinæ*, Vol. I, *a S. Hilario (461-468) ad S. Hormisdam (514-523)*, Brunsbergæ, 1868.

OPERA

Abbas Panormitanus, *Commentaria in quinque libros Decretalium*, 5 voll., Venetiis, 1588.

Acta Congressus Iuridici Internationalis, 5 voll., Romæ, 1935-1937.

Acta Sanctorum, editio novissima, curante Ioanne Carnandet, 65 voll., Parisiis, 1863-1869.

Alphonsus M. de Ligorio, Sanctus, *Theologia Moralis*, ed. nova, 4 voll., cura L. Gaudé, Romæ, 1905-1912.

Angelus a Clavasio, Beatus, *Summa Angelica*, 2 voll., Venetiis, 1569.

Augustine, C., *A Commentary on the New Code of Canon Law*, 3ª ed., 8 voll., St. Louis : B. Herder, 1920-1931.

Barbosa, A., *De Officio et Potestate Episcopi*, 3 voll., Lugduni, 1656.

Bastnagel, C., *The Appointment of Parochial Adjutants and Assistants*, The Catholic University of America Canon Law Studies, n. 58, Washington, D. C. : The Catholic University of America, 1930.

Bender, L., *Ius Publicum Ecclesiasticum*, Bussum in Hollandia : Paulus Brand, 1948.

Benedictus XIV, *Opera Omnia*, editio novissima in Tomos XVII distributa, Prati, 1839-1847. Tom. XI, *De Synodo Diœcesana*, Prati, 1844.

Berutti, C., *Institutiones Iuris Canonici,* 6 voll., Taurini-Romæ : Marietti, 1936-1940.

Besse, J. M., *Les Moines d'Orient Antérieurs au Concile de Chalcédoine,* Paris, 1900.

Blat, A., *Commentarium Textus Codicis Iuris Canonici,* 6 voll., Romæ, 1919-1927.

Boich, H., *In quinque Decretalium libros Commentaria,* Venetiis, 1576.

Bonacina, M., *Opera Omnia,* editio postrema, 3 voll., Venetiis, 1687.

Bouix, D., *De iure Regularium,* Parisiis, 1867.

——, *Tractatus de Episcopo,* Parisiis, 1873.

Bouscaren, T. L.-Ellis, A. C., *Canon Law, A Text and Commentary,* Milwaukee : The Bruce Publishing Co., 1946.

Brys, J., *De dispensatione in iure canonico,* Brugis, 1925.

——, *Iuris Canonici Compendium,* 10ª ed., 2 voll., Brugis : Desclée de Brouwer et Socii, 1947-1949.

——, *Tractatus de Legibus,* Brugis : C. Beyært, 1942.

Cappello, F., *Summa Iuris Canonici,* 2ª ed., 3 voll., Romæ, 1932-1940.

——, *Tractatus canonico-moralis de Sacramentis,* 5 voll., Taurini : Marietti. Vol. IV, *De Ordine,* 2ª ed., 1947. Vol. V, *De Matrimonio,* 5ª ed., 1947.

Castropalaus, F., *Opus Morale,* 7 voll., Lugduni, 1631-1651.

Cavigioli, G., *Manuale di Diritto Canonico,* Torino : Società Editrice Internazionale, 1946.

Chelodi, J.-Ciprotti, P., *Ius Canonicum de Personis,* 3ª ed., Vicenza : Società Anonima Tipografica, 1942.

Chelodi, J., *Ius Pœnale,* 2ª ed., Tridenti, 1925.

Christ, J. J., *Dispensation from Vindicative Penalties,* The Catholic University of America Canon Law Studies, n. 174, Washington, D. C. : The Catholic University of America Press, 1943.

Cicognani, A.-Staffa, D., *Commentarium ad Librum Primum Codici Iuris Canonici;* 2 voll. Vol. I, Romæ : Ex Officina Typographica Romana « Buona Stampa », 1939. Vol. II, Romæ : Apud Custodiam Librariam Pontificii Instituti Utriusque Iuris, 1942.

Clæys Bouuært, F.-Simenon, G., *Manuale Juris Canonici, ad usum Seminariorum,* 3 voll., Voll. I et III 3ª ed., Gandæ et Leodii, 1930-1931.

Coronata, M. Conte a, *Institutiones Iuris Canonici,* 5 voll., editio altera, Taurini : Marietti, 1939-1947.

Craisson, D., *Elementa Iuris Canonici,* 2ª ed., Pictavii, 1868.

D'Annibale, J., *Summula Theologiæ Moralis,* 4ª ed., 3 voll., Romæ, 1896-1897.

De Brabandere, P., *Juris canonici et Juris canonico-civilis Compendium,* ed. 4ª cura H. van den Berghe, Brugis, 1882.

Del Giudice, V., *Privilegio, dispensa ed epicheia nel Diritto Canonico,* Milano, 1929.

De Marca, P., *De Concordantia Sacerdotii et Imperii, seu de Libertate Ecclesiæ Gallicanæ,* 3 voll., Bambergæ. 1788.

Deshayes, F., *Memento Iuris Ecclesiastici,* Parisiis, 1895.

De Smet, A., *De sponsalibus et matrimonio,* 4ª ed., Brugis, 1927.

De Soto, D. *De Iustitia et Iure,* Venetiis, 1568.

Dictionnaire de Théologie Catholique, 16 voll. in 32, Paris, 1903-1950.

Douville, A., *De la Dispense,* Québec, 1935.

Durand, H., (Vide sub *Traité de Droit Canonique*).

Durantis [Durandus], G., *Speculum Iuris,* 2 voll., Venetiis, 1577.

Eichmann, E., *Lehrbuch des Kirchenrechts auf Grund des Codex Iuris Canonici,* 4ª ed., 2 voll., Paderborn, 1934.

Eidenschink, J. A., *The Election of Bishops in the Letters of Pope Gregory the Great,* The Catholic University of America Canon Law Studies, n. 215, Washington, D. C. : The Catholic University of America Press, 1945.

Fanfani, L., *De Iure Religiosorum, ad normam Codicis Iuris Canonici,* 2ª ed., Augustæ Taurinorum, 1925.

Farrugia, N., *De Matrimonio et causis matrimonialibus,* Taurini, 1924.

Febronius (Nikolaus von Hontheim), *De Statu Ecclesiæ et legitima potestate Romani Pontificis liber singularis,* Francofurti, 1763.

Ferraris, L., *Prompta Bibliotheca canonica, iuridica, moralis, theologica, necnon ascetica, polemica, rubricistica, historica,* 9 voll., Romæ, 1885-1899.

Friedberg, J., *Lehrbuch des katholischen und evangelischen Kirchenrechts,* 5ª ed., Leipzig, 1903.

Fulton, J., *Index Canonum,* New York, 1892.

Gignac, J., *Compendium Iuris Canonici,* Quebeci, 1901-1903.

Guilfoyle, M. J., *Custom,* The Catholic University of America Canon Law Studies, n. 105, Washington, D. C. : The Catholic University of America, 1937.

Haring, J., *Grundzüge des katholischen Kirchenrechts,* 3ª ed. (1ª post Codicem), 2 voll., Graz, 1924.

Hinschius, P., *Das Kirchenrecht der Katholiken und Protestanten in Deutchland,* 6 voll., Berlin, 1869-1897. Voll. I-IV, *System des katholischen Kirchenrechts.*

Hostiensis(Henricus de Segusio), *In quinque libros Decretalium Commentaria,* 5 voll., Venetiis, 1581.

——, *Lectura in Decretales Gregorii IX*, Argentinæ, 1512.

——, *Summa Aurea*, Venetiis, 1570.

Innocentius IV, *In quinque libros Decretalium necnon in Decretales per eundem editas Commentaria doctissima*, Venetiis, 1578.

Ioannes Andreæ, *In sex Decretalium libros novella Commentaria*, 6 voll. in 5, Venetiis, 1581.

Keene, M. J.,, *Religious Ordinaries and Canon 198*, The Catholic University of America Canon Law Studies, n. 135, Washington, D.C. : The Catholic University of America Press, 1942.

Kœstler, M., *Wærterbuch zum Codex Iuris Canonici*, München, 1927-1929.

Kubelbeck, W., *The Sacred Penitentiaria and Its Relations to Faculties of Ordinaries and Priests*, The Catholic University of America Canon Law Studies, n. 5, Washington, D. C. : The Catholic University of America, 1918.

Kurtscheid, B.-Wilches, F.A., *Historia Iuris Canonici*, Tom. I, *Historia Fontium et Scientiæ Iuris Canonici*, Romæ : Officium Libri Catholici, 1943.

Ladeuze, P., *Etude sur le Cénobitisme Pakhômien*, Louvain, 1898.

Lauer, A., *Index Verborum Codicis Iuris Canonici*, Romæ : Typis Polyglottis Vaticanis, 1941.

Lohmuller, M.M., *The Promulgation of Law*, The Catholic University of America Canon Law Studies, n. 241, Washington, D.C. : The Catholic University of America Press, 1947.

Maroto, Ph., *Institutiones Iuris Canonici*, 2 voll., Romæ, 1919-1921. Vol. I, 3ª ed., Romæ, 1921.

Marx, J., *Manuale di Storia Ecclesiastica, Traduzione italiana dal tedesco del Sac. Guido Pagnini*, 5ª ed., 2 voll., Firenze, 1938.

McCloskey, J. A., *The Subject of Ecclesiastical Law According to Canon 12*, The Catholic University of America Canon Law Studies, n. 165, Washington, D. C. : The Catholic University of America Press, 1943.

Melo, A., *De Exemptione Regularium*, The Catholic University of America Canon Law Studies, n. 12, Washington, D. C. : The Catholic University of America, 1921.

Mergentheim, L., *Die Quinquennalfakultæten pro Foro Externo*, 2 voll., Stuttgart, 1908.

Miceli, G., *Le dispense matrimoniali*, Roma : Il Monitore Ecclesiastico, 1941.

Michiels, G., *Normæ Generales Iuris Canonici*, 2ª ed., 2 voll., Parisiis-Tornaci-Romæ : Desclée et Socii, 1949. (Prima editio, Lublini, 1929).

Migne, I., *Patrologiæ Cursus Completus : Series Græca*, 161 voll., Parisiis, 1857-1866 ; Series Latina, 221 voll., Parisiis, 1844-1855.

Miguelez-Alonso-Cabreros, *Codigo de Derecho Canonico,* Madrid : Biblioteca de Autores Cristianos, 1945.

Moccheggiani, P., *Iurisprudentia Ecclesiastica,* 3 voll., Ad Claras Aquas (Quaracchi), 1904-1905.

Mœrsdorf, J., *Die Rechtssprache des Codex Iuris Canonici,* Bonn, 1933.

Navarrus (Azpilcueta), M., *Consiliorum seu Responsorum in quinque libros iuxta numerum et titulos Decretalium distributorum tomi duo,* Venetiis, 1621.

Neuberger, N., *Canon 6, or the Relation of the Codex Iuris Canonici to Preceding Legislation,* The Catholic University of America Canon Law Studies, n. 44, Washington, D. C. : The Catholic University of America, 1927.

Ojetti, B., *Commentarium in Codicem Iuris Canonici,* 4 voll., Romæ, 1927-1931.

——, *Synopsis Rerum Moralium et Iuris Pontificii,* 3ª ed., 3 voll. et Index, Romæ, 1909-1914.

O'Mara, W., *Canonical Causes for Matrimonial Dispensations,* The Catholic University of America Canon Law Studies, n. 96, Washington, D.C. : The Catholic University of America, 1935.

Ottaviani, A., *Institutiones Iuris Publici Ecclesiastici,* 2 voll. Vol. I, 3ª ed., Romæ : Typis Polyglottis Vaticanis, 1947 ; Vol. II, 2ª ed., Romæ : Typis Polyglottis Vaticanis, 1936.

Putzer, J., *Commentarium in Facultates Apostolicas,* 4ª ed., Neo Eboraci, 1897.

Pyrrhus, C., *Praxis Dispensationum Apostolicarum,* Neapoli, 1641.

Raymundus de Pennafort, Sanctus, *Summa S. Raymundi de Pennafort Barcinonensis de Pœnitentia et Matrimonio.* 3 voll., Veronæ, 1744.

Regatillo, E., *Institutiones Iuris Canonici,* 2 voll. Vol. I, 2ª ed., Santander : Sal Terræ, 1946 ; Vol. II, *ibid.,* 1942.

Reiffenstuel, A., *Ius Canonicum Universum,* 5 voll. in 7, Parisiis, 1864-1870.

Reilly, E., *The General Norms of Dispensation,* The Catholic University of America Canon Law Studies, n. 119, Washington, D. C. : The Catholic University of America Press, 1939.

Restrepo Uribe, L., *De Episcoporum ordinaria dispensandi facultate,* Medellii (Colombia) : Ex Officina Libraria « Tipografia Bedaut », 1939.

Rodericus (Rodriguez), E., *Quæstiones Regulares et Canonicæ,* 2 voll., Antuerpiæ, 1628.

Rœlker, E., *Principles of Privilege According to the Code of Canon Law,* The Catholic University of America Canon Law Studies, n. 35, Washington, D. C., : The Catholic University of America, 1926.

Romani, S., *Institutiones Juris Canonici*, Vol. I, *Jus Constitutionale*, Romæ, 1941.

——, *Summa Iuris Canonici Lineamenta*, Romæ, 1939.

Rufinus, *Die Summa Decretorum des Magister Rufinus*, edita ab H. Singer, Paderborn, 1902.

Ryan, J., *Irish Monasticism*, Dublin, 1931.

Salmanticenses, *Cursus Theologiæ Moralis*, 6 voll., Venetiis, 1714-1728.

Sanchez, T., *De Sancto Matrimonii Sacramento*, Antuerpiæ, 1607.

Sandæus, F., *Commentaria in quinque libros Decretalium*, 2 voll., Venetiis, 1570.

Schæfer, T., *De Religiosis ad normam Codicis Iuris Canonici*, 4ª ed., Romæ : Editrice « Apostolato Cattolico », 1947.

Scheuermann, A., *Die Exemtion nach geltendem Kirchlichen Recht*, Paderborn, 1938.

Schmalzgrueber, F., *Ius Ecclesiasticum Universum*, 5 voll. in 12, Romæ, 1843-1845.

Sebastianelli, G., *Prælectiones Iuris Canonici*, 3 voll., Romæ, 1905-1906.

Stiegler, M. A., *Dispensation, Dispensationswesen und Dispensationsrecht im Kirchenrecht*, Mainz, 1904.

Suarez, F., *Opera Omnia*, ed. nova curante Carolo Berton 26 voll., Parisiis, 1856-1861. Tomi V-VI, *Tractatus de Legibus ac Deo Legislatore.*

Thomas Aquinas, Sanctus, *Summa Theologica*, 6 voll., Parisiis, 1895.

Thomassinus, L., *Vetus et nova disciplina ecclesiastica circa beneficia et beneficiarios*, 3 voll., Venetiis, 1752.

Traité de Droit Canonique, publié sous la direction de Raoul Naz, 4 voll., Paris : Letouzey et Ané, 1947-1949.

Triebs, F., *Praktisches Handbuch des geltendem Kanonischen Eherechts*, Breslau, 1933.

Van Hove, A., *Commentarium Lovaniense in Codicem Iuris Canonici*, Vol I in 5 Tomos : Tom. 1, *Prolegomena.* 2ª ed., Mechliniæ-Romæ H. Dessain, 1945 ; Tom. 2, *De Legibus Ecclesiasticis, ibidem*, 1930 ; Tom. 3, *De Consuetudine-De Temporis Supputatione, ibid.*, 1933 ; Tom. 4, *De Rescriptis, ibid.*, 1936 ; Tom. 5, *De Privilegiis-De Dispensationibus, ibidem*, 1939.

Vermeersch, A.-Creusen, J., *Epitome Iuris Canonici*, 3ª ed., 3 voll., Mechliniæ-Romæ, 1927-1928. Vol. I, 6ª ed., *ibidem*, 1937.

Vlaming, T., *Prælectiones Iuris Matrimonii ad normam Codicis Iuris Canonici*, 3ª ed., 2 voll., Bussum in Hollandia, 1919-1921.

Vromant, G., *Ius Missionariorum,* Vol. I, *Introductio et normæ generales,* Louvain, 1934.

Waddingus, L., *Annales Minorum seu Trium Ordinum a S. Francisco institutorum,* Tomi 25, ad Claras Aquas, 1931-1934.

Wernz. F. X.-Vidal, P., *Ius Canonicum ad Codicis normam exactum,* 7 voll. in 8, Romæ, 1923-1938.

Winslow, F., *A Commentary on the Apostolic Faculties,* New York : Field Afar Press, 1946.

Woywod, S.-Smith, C., *A Practical Commentary on the Code of Canon Law,* 2 voll., New York : J. F. Wagner, Inc., 1948.

ARTICULI

Aguirre, Ph., « Annotationes, » *Periodica,* XXXII (1942), 103-110.

Alonso, S., « Atribuciones de los Ordinarios y de los Parrocos en orden a los tiempos sagrados, » *Revista Espanola de Derecho Canonico,* I (1946), 203-217.

Brys, J., « De potestate Episcoporum dispensandi in legibus Ecclesiæ generalibus, » *Collationes Brugenses,* XXIX (1929), 144-164.

Cappello, F., « Annotationes, » *Periodica,* XXXVI. (1947), 343-347.

Creusen, J., « L'abrogation de l'ancien Droit » *Nouvelle Revue Théologique,* L (1923), 196–207.

——, « De iuridica status religiosi evolutione brevis synopsis historica, » *Periodica,* XXXI (1942), 143-155, 216-241.

Crisci, G., « De delegatione a iure in iure canonico vigenti, » *Apollinaris,* X, (1937), 513-535.

D'Angelo, S., « In can. 1045 Codicis I.C. excursus, » *Apollinaris,* I (1928), 245-262.

De Smet, A., « Commentaire des indults accordés aux Ordinaires d'Europe en matière de mariage, » *Nouvelle Revue Théologique,* L (1923), 124-131, 182-196, 243-257, 304-319.

——, « Circa dispensandi potestatem apud Ordinarium, » *Ephemerides Theologicæ Lovanienses,* II (1925), 55-59.

Donnelly, F., « Official Interpretation by the Code Commission, » *Homiletic and Pastoral Review,* XLVIII (1948), 315.

——, « Roman Documents, » *Homiletic and Pastoral Review,* XLIX (1949), 818.

Fuster, F., « De la potestad ordinaria y delegada a iure, » *Razon y Fe,* 62 (1922), 364-374.

——, « De las delegaciones a iure en el nuevo Codigo de Derecho Canonico, » *Razon y Fe*, 64 (1922), 91-96.

Hilling, N., « Begriff und Umfang der potestas iurisdictionis ordinaria und delegata nach geltendem Kirchenrecht, » *Archiv für katholisches Kirchenrecht*, CIV (1924), 181-205.

Gutiérrez, A., « De recursu ad S. Sedem per Legatum Romani Pontificis, » *Commentarium pro Religiosis et Missionariis*, XXIX (1948), 32-47.

Janssens, J., « Le Vicaire du Supérieur Général, » *Revue des Communautés Religieuses*, II (1926), 93-94.

Larraona, A., « Quæstio Canonica, » *Commentarium pro Religiosis*, IV (1923), 113-119.

——, « Commentarium Codicis : Canon 488, » *Commentarium pro Religiosis*, IV (1923), 39-46.

——, « De potestate dominativa publica in Iure Canonico, » *Acta Congressus Iuridici Internationalis*. IV, 145-180.

Ojetti, B., « De natura potestatis Ordinariorum secundum Codicem, » *Gregorianum*, VI (1925), 436-441.

Rœlker, E., « The Use of the Term "Dispensatio" in the Code of Canon Law, » *The Jurist*, X (1950), 138-151.

Villien, A., « Dispenses, » *Dictionnaire de Théologie Catholique*.

Woywod. S., « Law of the Code on Sacred Seasons, » *Homiletic and Pastoral Review*, XXVI (1926), 81, 946-954, 1050.

PERIODICA

American Ecclesiastical Review, The, Voll. I-XXXII, Philadelphia, 1889-1905 ; Voll. XXXIII-CIX, sub titulo *The Ecclesiastical Review*, Philadelphia, 1889-1905 ; Voll. XXXIII-CIX, sub titulo *The Ecclesiastical Review*, Philadelphia, 1905-1943 ; Voll. CX-, sub originali titulo *The American Ecclesiasiastical Review*, Washington, 1944-

Apollinaris, Romæ, 1928-

Archiv für katholisches Kirchenrecht, Innsbruck, 1857-1861 ; Mainz, 1862-

Collationes Brugenses, Brugis, 1896-

Commentarium pro Religiosis, Romæ, 1920-1934 ; deinde *Commentarium pro Religiosis et Missionariis*, Romæ, 1935-

Ephemerides Theologicæ Lovanienses, Louvain, 1924-

Gregorianum, Romæ, 1920-

Homiletic and Pastoral Review, The, New York, 1900-

Jurist, The, Washington, 1941-

Nouvelle Revue Théologique, Paris, 1869-

Periodica de Religiosis et Missionariis, 8 voll., Brugis, 1905-1919 ; *Periodica de re canonica et morali utilia præsertim Religiosis et Missionariis*, 7 voll., Brugis, 1920-1927 ; *Periodica de re morali, canonica, liturgica*, Brugis, 1927-1936, Romæ, 1937-

Razon y Fe, Madrid, 1901-

Revista Espanola de Derecho Canonico, Madrid, 1946-

Revue des Communautés Religieuses, Louvain, 1925-

SIGLA

AAS — *Acta Apostolicæ Sedis.*

ASS — *Acta Sanctæ Sedis.*

ACII — *Acta Congressus Iuridici Internationalis.*

AKKR — *Archiv für katholisches Kirchenrecht.*

Collectanea — *Collectanea S. Congregationis de Propaganda Fide.*

CpR — *Commentarium pro Religiosis.*

CpRM — *Commentarium pro Religiosis et Missionariis.*

Fontes — *Codicis Iuris Canonici Fontes* (Gasparri-Serédi).

Hefele-Leclercq — *Histoire des Conciles.*

Mansi — *Sacrorum Conciliorum nova et amplissima Collectio.*

MPG — *Patrologiæ Cursus Completus, Series Græca* (Migne).

MPL — *Patrologiæ Cursus Completus, Series Latina* (Migne).

Periodica — *Periodica de re morali, canonica, liturgica.*

MGH — *Monumenta Germaniæ Historica.*

Sylloge — *Sylloge præcipuorum documentorum Summorum Pontificum, etc.*

S.R.R. Decisiones — *Sacræ Romanæ Rotæ Decisiones seu Sententiæ.*

Thiel — *Epistolæ Romanorum Pontificum Genuinæ.*

BIOGRAPHIA

VINCENTIUS CAPPIELLO in oppido vulgo Meta di Sorrento (Italia) die 1 ianuarii 1919 natus est. Disciplinis elementariis inibi operam dedit et anno 1930 gymnasium in Collegio S. Claræ, Neapoli, frequentavit. Anno 1932 Palæstinam petiit, ubi in Collegio Seraphico Emmaus gymnasialia studia complevit. Novitiatum ab anno 1935 ad annum 1936 in civitate Nazareth explevit, et, emissa professione votorum simplicium in Ordine Fratrum Minorum, Bethlehem profectus est, ubi studio philosophiæ triennio incubuit. In Religione Frater Linus vocatus est. Exacto curriculo S. Theologiæ (1939-1943), per annum studio incubuit in Instituto Biblico Franciscano, Jerusalem. Ad sacerdotium die 6 ianuarii 1944 promotus est. Anno 1947 a Superioribus in Status Fœderatos Americæ missus, scholæ Iuris Canonici in Universitate Catholica Americæ, Washingtonii, nomen dedit. Ibi gradum I.C.B. mense iunii 1948, et mense iunii insequentis anni gradum I.C.L. adeptus est.

INDEX ALPHABETICUS

CANON LAW STUDIES *

322. Gaffigan, Rev. Aloysius J., O.S.F.S., J.C.L., Residence of Religious.

323. Cappiello, Rev. Linus V., O.F.M., J.C.L., De Ordinariorum dispensandi facultate ad norman canonis 81.

324. Conway, Rev. Walter J., J.C.L., The Time and Place of Baptism.

325. King, Rev. James P., J.C.L., Canonical Procedure in Cases of Separation of the Spouses.

326. Wrzaszczak, Rev. Chester F., J.C.L., The Betrothal Contract in the Code of Canon Law.

CPSIA information can be obtained at www.ICGtesting.com
Printed in the USA
BVOW07*1140191214

379714BV00001B/5/P